AF628619

978-3-8310-3396-6

978-3-8310-3397-3

978-3-8310-3399-7

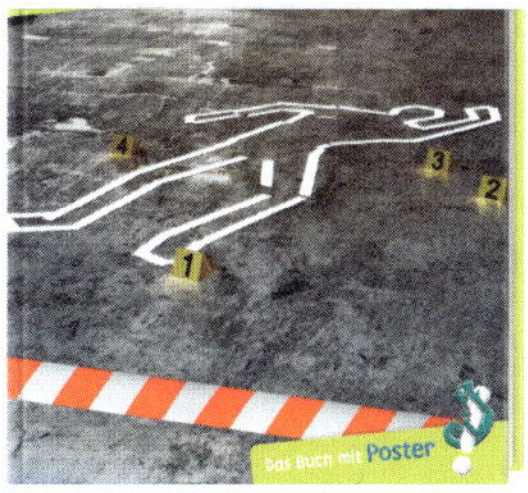

978-3-8310-3398-0

978-3-8310-3400-0

978-3-8310-3401-7

978-3-8310-3402-4

978-3-8310-3403-1

978-3-8310-3404-8

978-3-8310-3405-5

978-3-8310-3406-2

978-3-8310-3407-9

978-3-8310-3408-6

978-3-8310-3409-3

Jeweils 72 Seiten

Mit Doppelposter

Ab 8 Jahren

€ 9,95 [D] / € 10,30 [A]

Typisches Mitbringsel
vom Münchener Oktoberfest

Bier

Das ostdeutsche
Ampelmännchen

Märklin-Modelleisenbahn
aus dem Jahr 1902

Karl Benz' Motorwagen

Fußball

Die Verfassung der
Bundesrepublik
Deutschland

Frauenkirche (Dresden)

Es gibt in Deutschland über
300 Brotsorten.

memo
Wissen entdecken

Deutschland

Kultur, Geschichte, Menschen

Das Wahrzeichen Berlins: das Brandenburger Tor

DK

Weihnachtspyramide

VW-Käfer

Text und Bildrecherche Projektmanagement & Verlagslösungen, Dr. Rainer Aschemeier

Programmleitung Monika Schlitzer
Redaktionsleitung Martina Glöde
Projektbetreuung Dörte Eppelin
Herstellungsleitung Dorothee Whittaker
Herstellungskoordination Ksenia Lebedeva, Katharina Schäfer
Herstellung, Cover- und Postergestaltung Sabine Hüttenkofer, Jenny Kolbe, Stefanie Staat
Bildredaktion Janna Heimberg, Katharina Dürmeier, Martin Copeland, Rob Nunn
Idee und Illustration Chamäleon blatteins, Andreas Mack

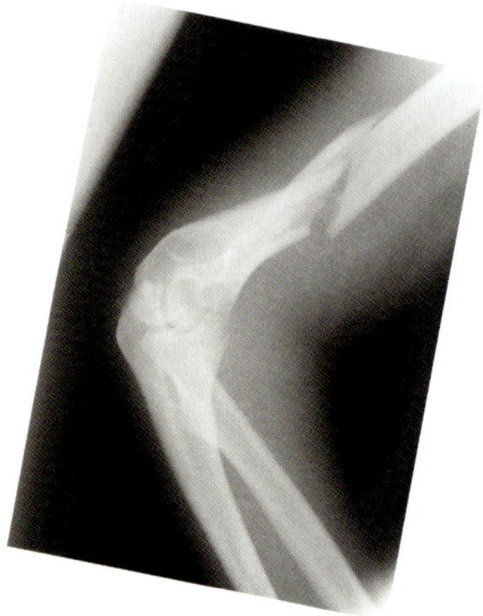

Röntgen-Aufnahme: Wilhelm Conrad Röntgen entdeckte die nach ihm benannte Strahlung.

Lektorat Claudia Boss-Teichmann, Ulrike Goldstein
Satz Roman Bold & Black

ISBN 978-3-8310-3386-7

Druck und Bindung TBB, Slowakei

MIX
Aus verantwortungsvollen Quellen
FSC® C022120

Besuchen Sie uns im Internet
www.dorlingkindersley.de

Fachwerkhaus in Rothenburg ob der Tauber

Schulanfängerin mit Schultüte

Inhalt

Hallo!

Lass uns gemeinsam dein Lieblingsthema entdecken. Folge mir durchs Buch, denn ich hab dir ganz viel zu erzählen. Schau mal, ob du mich findest!

Typisch deutsch?

Viele Touristen aus dem Ausland, die Deutschland besuchen, haben ganz bestimmte Vorstellungen davon, was sie hier erwartet. Doch oft stimmen Klischees gar nicht: Ebenso wenig, wie Franzosen ständig Baguette essen, tragen alle Deutschen Lederhosen. Brezeln essen wir nur manchmal und auch Bier wird nicht von morgens bis abends getrunken.

Currywurst

↓Was kommt auf den Tisch?

Traditionelle Gerichte wie Sauerkraut oder Eisbein werden in Deutschland nicht mehr so oft gegessen wie früher. Denn inzwischen gehören auch viele Spezialitäten aus anderen Ländern zu unseren Lieblingsspeisen: Pizza aus Italien, Pommes frites aus Belgien, der Döner aus der Türkei oder der Hamburger aus den USA. Ein typisch deutscher Imbiss ist dagegen die Currywurst. Sie verbreitete sich nach dem Zweiten Weltkrieg von Hamburg und Berlin aus über ganz Deutschland.

Über 300 Brotsorten gibt es in Deutschland, vom dunklen Schwarzbrot mit ganzen Körnern über Mischbrote bis hin zum hellen Weißbrot.

Typisch deutsches Gericht: Sauerkraut

Bei der Deutschen Bahn gibt es gar nicht so selten Verspätungen.

←Deutsche Tugenden?

Ordnung, Sauberkeit, Fleiß und Pünktlichkeit sind Eigenschaften, die man den Deutschen nachsagt. Doch die deutschen Städte haben auch schmutzige Ecken und manche Deutsche kommen häufig zu spät. Damit sind diese „deutschen Tugenden" genauso unzutreffend wie das Gerücht, dass Deutsche nicht ausgelassen oder lustig sein könnten. Jeder Mensch ist eben anders – auch in Deutschland.

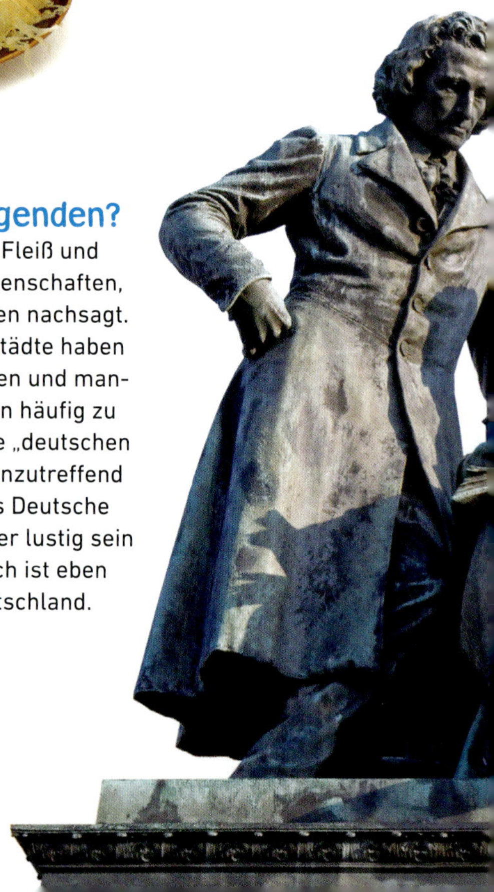

Ein Lebkuchenherz vom Münchener Oktoberfest

↑ Bier und Lederhosen

Glaubt man manchen Hollywood-Spielfilmen, müssten alle Deutschen im Herbst Oktoberfest feiern, Lederhosen tragen und Bier trinken. Doch im Südwesten z. B. trinken die Menschen viel lieber Wein, und Lederhosen sind ein typisch bayerisches Kleidungsstück, das auch dort nur zu bestimmten Anlässen getragen wird. Im Norden gibt es andere Trachten, Feste und Spezialitäten.

Karneval, Fasching und Fastnacht ↓

In kaum einem Land wird die närrische Zeit vielfältiger gefeiert als in Deutschland. Am bekanntesten ist der rheinische Karneval mit seinen Umzügen und Gardeuniformen, der z. B. in Köln, Mainz und Düsseldorf Tradition hat. Bei der alemannischen Fastnacht in Südwestdeutschland gibt es Figuren mit Hexen- oder Teufelsmasken, mit denen man früher den Winter austreiben wollte.

In Deutschland gibt es mehr als vier Jahreszeiten. Der Karneval wird hier nämlich gern als fünfte Jahreszeit bezeichnet.

← Deutsche Sprache

Von Plattdeutsch oder Berlinerisch über Rheinländisch, Hessisch oder Sächsisch bis zu Schwäbisch oder Bayerisch – in Deutschland gibt es so viele Dialekte wie es Regionen gibt. Nur wenige Menschen sprechen „reines" Hochdeutsch. Die Unterschiede können so groß sein, dass sich auch zwei Deutsche nicht auf Anhieb verständigen können. Heißt es nun Brötchen, Schrippe, Semmel, Weck oder Rundstück?

Die Brüder Grimm sammelten Märchen und verfassten das umfangreichste Wörterbuch der „hochdeutschen" Sprache.

Deutschland stellt sich vor

Deutschland liegt im Herzen Europas. Es besitzt eine große landschaftliche Vielfalt: weitgehend flache Regionen im Norden, die von Mittelgebirgen geprägte Mitte und den Süden mit den Alpen. Deutschland ist in 16 Bundesländer untergliedert. Das größte ist Bayern, das kleinste ist Bremen.

← Das Tor zur Welt

Hamburg ist mit 1,8 Mio. Einwohnern die zweitgrößte Stadt Deutschlands. Im Hamburger Hafen werden jährlich fast 10 Mio. Container umgeschlagen. Trotz dieses enormen Warenumsatzes hat sich der Hafen sein traditionelles Umfeld mit Märkten und Kneipen bewahrt und ist bei Einheimischen und Touristen beliebt.

Industrienation →

Deutschland zählt zu den erfolgreichsten Industrienationen weltweit. Die Autoindustrie mit bekannten Marken wie BMW, Daimler und Porsche spielt eine besonders große Rolle. Wolfsburg ist Sitz des Herstellers Volkswagen. Ganze Stadtteile entstanden hier, um Wohnraum für die Arbeiter von VW zu schaffen.

Vollautomatische Autoproduktion im Wolfsburger VW-Werk

← Am Rhein

Das wunderschöne Rheintal zwischen Bingen und Koblenz wurde 2008 in die Liste des UNESCO-Weltkulturerbes aufgenommen. Neben malerischen Burgen findet man hier auch den Loreley-Felsen. Auf ihm soll der Legende nach eine schöne Nixe namens Loreley die Rheinschiffer angelockt haben. Wenn sie zu ihr nach oben schauten, zerschellte ihr Schiff an den Felsen und sie ertranken.

Deutschlands Inseln →

Die Inseln vor den deutschen Küsten sind bei Touristen sehr beliebt. Einige Nordseeinseln entstanden erst vor wenigen Hundert Jahren, als Sturmfluten das umgebende Land fortgespült haben. Die Ostseeinseln hingegen entstanden während der letzten Eiszeit vor etwa 10 000 Jahren. Die größte deutsche Insel, Rügen, ist für ihre Kreidefelsen (rechts) bekannt.

Das Brandenburger Tor ist das Wahrzeichen von Berlin und Symbol für die Wiedervereinigung Deutschlands.

↑ Die Hauptstadt

Berlin, die deutsche Hauptstadt, ist ein eigenes Bundesland und mit rund 3,5 Mio. Einwohnern die größte Stadt Deutschlands. Fast 30 Jahre lang war Berlin durch eine Mauer (S. 32) geteilt. Ostberlin gehörte zur Deutschen Demokratischen Republik (DDR), Westberlin zur Bundesrepublik Deutschland (BRD).

Landwirtschaft →

Weite Flächen Deutschlands werden für die Landwirtschaft genutzt. Die Börderegionen Norddeutschlands sind besonders fruchtbar. Hier werden z. B. Weizen und Zuckerrüben angebaut. Deutschland ist der größte Milchproduzent der EU. Bei Milchbauern, die biologische Landwirtschaft betreiben, dürfen die Kühe auf der Weide grasen.

Schloss Neuschwanstein war Vorbild für das berühmte Disney-Schloss. Heute besuchen jährlich mehr als 1,3 Mio. Touristen Neuschwanstein.

← Urlaub in Deutschland

Deutschland ist ein reizvolles Reiseland. Hunderte historischer Bauten warten auf Besucher, darunter herausragende Architekturdenkmäler. Bayern ist das beliebteste Urlaubsziel: Neben der Landeshauptstadt München locken die höchsten Berge Deutschlands die Touristen zum Wandern und Skifahren in die Bayerischen Alpen. An der Romantischen Straße reiht sich eine Sehenswürdigkeit an die nächste – von der Barockstadt Würzburg bis zum Schloss Neuschwanstein.

Regionale Vielfalt

Eine Reise durch Deutschland führt durch viele Regionen, die ihre Traditionen oft liebevoll pflegen. Vom Badeurlaub über Wanderferien bis hin zum Skitourismus ist in Deutschland vieles möglich. Doch auch Gegenden wie das industriegeprägte Ruhrgebiet besitzen ihre Reize.

Das Rathaus von Stralsund ist ein typisches Beispiel für die Backsteinarchitektur der Hanse.

Wattwanderung ↓

Der Nationalpark Wattenmeer ist etwas Besonderes. An diesem Teil der Nordseeküste zieht sich das Meer bei Ebbe weit zurück, sodass der Meeresboden über Stunden offen daliegt. Ebbe und Flut werden durch die Anziehungskraft des Monds bestimmt.

Bei Ebbe kann man das Watt zu Fuß oder mit Pferden durchqueren und sogar eine der Ostfriesischen Inseln erreichen.

↑ Die Hansestädte

Viele Städte Norddeutschlands gehörten der Hanse an, einem mittelalterlichen Bund von Kaufmannsstädten. Sie belieferten den gesamten Nord- und Ostseeraum mit Waren. Heute erkennt man frühere Hansestädte wie Bremen, Lübeck, Hamburg, Rostock und Wismar noch an ihrer Backsteinarchitektur. Je prächtiger der Giebel eines Kaufmannshauses war, desto reicher und mächtiger war sein Besitzer.

Lüneburger Heide ↓

In der Lüneburger Heide gab es einst ausgedehnte Wälder und Moore. Vor etwa 2000 Jahren begannen die Menschen das Land trockenzulegen und Torf abzubauen. Diese Bewirtschaftung führte zu der heute offenen Landschaft mit einem sandigen Boden und speziell daran angepassten Pflanzen wie dem lila oder weiß blühenden Heidekraut.

Torf besteht aus Resten von Moorpflanzen. Früher wurde er als Brennmaterial genutzt.

Fortsetzung auf Seite 12

Der „Ruhrpott“ ↓

Das Ruhrgebiet im Westen Deutschlands wird von zusammengewachsenen Städten wie Dortmund, Bochum und Essen gebildet. Bis in die 1990er-Jahre war hier das Zentrum des Bergbaus und der Stahlerzeugung. Seit Kohle aus dem Ausland billig importiert wird, haben viele Bergleute ihre Arbeit verloren. Einige Zechen (Bergbaubetriebe) erinnern heute als Museen an die Zeit des Bergbaus.

Die Essener Zeche „Zollverein“ ist heute ein Industriemuseum und gehört zum UNESCO-Weltkulturerbe.

Wildnis im nordhessischen Reinhardswald

Alte Wälder →

In der Mitte Deutschlands erstrecken sich die deutschen Mittelgebirge, darunter Harz, Rhön, Thüringer Wald, Weserbergland und Reinhardswald. Ihre Eichen- und Buchenwälder gehören zu den ältesten in Deutschland. Im 19. Jh. sammelten die Brüder Grimm im Reinhardswald Geschichten für ihre berühmte Sammlung der *Kinder- und Hausmärchen*.

Land der Seen und Förden →

Als die Eiszeitgletscher sich vor etwa 11 000 Jahren zurückzogen, blieben im Gebiet des heutigen Norddeutschland einige „dicke Brocken“ liegen und tauten nur langsam ab. Sie drückten im Lauf der Zeit flache Mulden ins Gelände. So entstand die Mecklenburgische Seenplatte. Auch die Ostseeküste wurde vom Eis geformt. Sie ist v. a. von Förden geprägt, schmalen Buchten, in denen einst Eiszeitgletscher lagen. Heute dienen sie oft als natürliche Hafenbecken.

Die Müritz ist der größte See der Mecklenburgischen Seenplatte.

Fortsetzung von Seite 11

Stadt und Dorf →

In Deutschland gibt es bedeutende Städte und beschauliche Dörfer. Großstädte wie etwa Frankfurt am Main, wichtiger Börsenplatz und Sitz der Europäischen Zentralbank, sind häufig umgeben von Industrieansiedlungen. Die Architektur dort ist zumeist erst in den letzten 70 Jahren entstanden, denn viele deutsche Großstädte wurden im Zweiten Weltkrieg zerstört. In Dörfern und Kleinstädten haben sich alte Bauwerke wie Fachwerkhäuser und Befestigungsanlagen oft besser erhalten.

Frankfurt am Main, eines der Wirtschaftszentren Deutschlands

Alte Fachwerkhäuser in Rothenburg ob der Tauber

Blick zur Zugspitze (Höhe: 2962 m)

Schwarzwald↓

Der Schwarzwald, ein dicht bewaldetes Gebirge in Südwestdeutschland, ist weltbekannt für seine Kuckucksuhren und den Bollenhut. Dieser Hut war früher Bestandteil der Sonntagstracht. Urige Dörfer, Natur und gute Sportmöglichkeiten machen den Schwarzwald zu einer beliebten Urlaubsregion.

Alpengebiet→

Im Süden Bayerns und Baden-Württembergs liegt das fruchtbare Alpenvorland. Größte Stadt der Region und zugleich die drittgrößte Stadt Deutschlands ist die bayerische Landeshauptstadt München. Von den Alpen, Europas höchstem Gebirge, gehört nur ein kleiner Teil zu Deutschland. Hier befindet sich Deutschlands höchster Berg, die Zugspitze.

München mit Rathaus (rechts) und Frauenkirche (links)

←Der Bodensee

An der Grenze zur Schweiz liegt der größte See Deutschlands, der Bodensee. Er entstand in der Eiszeit und ist der größte Wasserspeicher im Alpenvorland. Für Tiere und Pflanzen ist er ein wichtiger Lebensraum und für Wassersportler bietet er beste Bedingungen.

Weihnachtspyramide

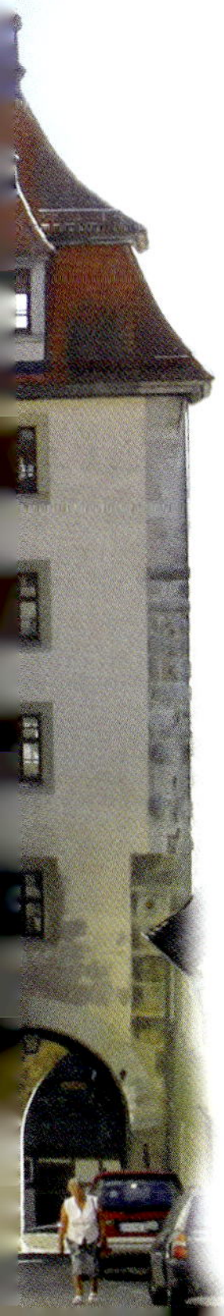

Weinbau↓

Wein benötigt ein mildes Klima. Diese Voraussetzungen sind in Baden und Württemberg, in der Pfalz, entlang von Rhein, Main und Mosel, in Franken und an Saale und Unstrut gegeben. Schon um 500 v. Chr. stellten die Germanen ein alkoholisches Getränk aus Weintrauben her. Doch erst die Römer haben Wein planmäßig kultiviert und angebaut. Heute ist v. a. der deutsche Riesling berühmt.

Rieslingtraube

↑Erzgebirge

Das Erzgebirge liegt im Osten Deutschlands. Jahrhundertelang wurden dort Zinn- und Silbererz abgebaut. Die Region ist auch berühmt für ihr Kunsthandwerk. Dazu zählen Weihnachtsdekorationen aus Holz wie der Schwibbogen oder die Weihnachtspyramide.

Weinberg im Moseltal

Natur und Tiere

Deutschland liegt in der gemäßigten Klimazone. Das bedeutet, dass es hier weder zu kalt noch zu heiß ist. Im Winter sind lange Frost- oder Schneeperioden eher selten. Dazu kommt, dass die größten Regenmengen im Sommer fallen, was für das Wachstum der Pflanzen optimal ist.

Im 19. Jh. entdeckten Maler den Wald für ihre Kunst.

↑ Der deutsche Wald

Rund 31 % der Fläche Deutschlands sind von Wäldern bedeckt. Auf alten Bildern sieht man, dass der Wald in früherer Zeit viel wilder aussah. Heute sind nur noch kleine Waldgebiete in Deutschland ein wenig „urwaldartig". Dazu gehört beispielsweise der Nationalpark Hainich in Thüringen. Der größte Teil des deutschen Walds dient zur Holzgewinnung und wird deshalb „Wirtschaftswald" genannt.

Fleisch fressender Sonnentau

↑ Moore – ein besonderer Lebensraum

10 % der Fläche Norddeutschlands waren früher von Moor bedeckt. Um Platz für die Landwirtschaft zu schaffen, wurden viele dieser Feuchtgebiete trockengelegt. Heute sind sie streng geschützt, da sie seltenen Tieren und Pflanzen als Lebensraum dienen. Um im nährstoffarmen Moor überleben zu können, haben Pflanzen wie der Sonnentau einen Trick entwickelt: Sie ernähren sich zusätzlich von Insekten.

Feldmaus

← Landleben

Dort, wo es Landwirtschaft gibt, leben Feldmäuse und Hamster im Erdreich unter den Äckern. Am Himmel über ihnen lauern Greifvögel wie z. B. Mäusebussard, Falke oder Habicht auf Beute. Hecken zwischen den Feldern sind ein Paradies für Singvögel und seltene Wildpflanzen.

Schafe sind die idealen „Rasenmäher" auf den feuchten Wiesen.

Salzwiesen werden regelmäßig von salzigem Meerwasser überspült.

Entwässerungsgräben sorgen dafür, dass das Salzwasser wieder abfließen kann.

Leben im Gebirge →

In den Bergen ist es ab einer bestimmten Höhe das ganze Jahr über so kalt, dass keine Bäume mehr wachsen können. Diese Übergangszone zum Hochgebirge nennt man Baumgrenze. In diesem kargen Lebensraum ist z. B. der Steinadler, der größte Greifvogel Deutschlands, zu Hause. Er kann mit seinen Krallen sogar junge Steinböcke oder Gämsen erbeuten. Murmeltiere leben unterirdisch und ernähren sich von Wurzeln, Samen und Wildblumen.

Der Steinadler ist das Wappentier der Bundesrepublik Deutschland.

Nach Deutschland zurückgekehrt: der scheue Wolf.

← Von Bären und Wölfen

Bären, Wölfe und Luchse streiften noch im 19. Jh. durch unsere Wälder. Doch diese Tiere wurden gejagt, bis sie vor etwa 100 Jahren ausgerottet waren. Füchse, Dachse und Wildkatzen waren seither die größten Raubtiere im Wald. Doch seit den 1990er-Jahren sind Wölfe und Luchse in kleine Waldareale zurückgekehrt. Zu verdanken ist dies den Bemühungen von Umweltschützern und der Öffnung der Grenzen nach Osteuropa.

An der Küste →

Die Dünen an Nord- und Ostsee wirken bei Sturmflut wie ein natürlicher Damm. Die Wurzeln des Dünengrases bewirken, dass das Meer nicht zu viel Strand fortspült. Muscheln und Krabben sind an der Küste häufig. Die typischen Vögel dieser Region sind Silbermöwen. Entlang der gesamten Nordseeküste erstreckt sich zudem das größte Wattenmeer der Welt (S. 10). Im Nationalpark Wattenmeer gibt es Tiere, die nur hier vorkommen, beispielsweise den Wattwurm.

Der Leuchtturm Westerheversand

Silbermöwe

Vorfahren der Deutschen

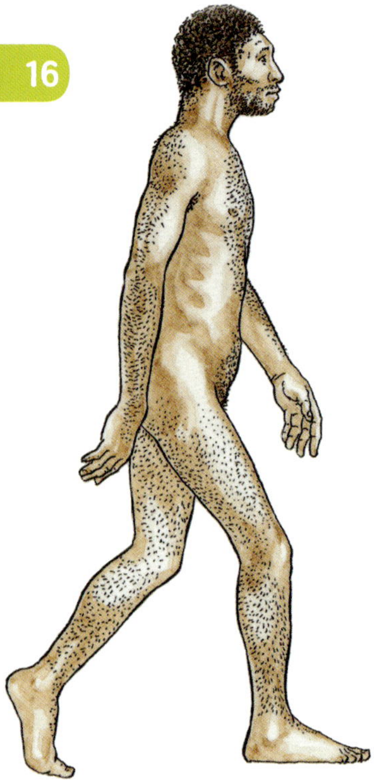

Homo heidelbergensis

Deutschland liegt inmitten des Kontinents Europa. Ob Händler, Reisende oder ganze Völker – wer auch immer von Osten nach Westen oder von Norden nach Süden durch Europa zog, kam irgendwann durch das Gebiet, das wir heute Deutschland nennen. Deswegen hat das Volk der Deutschen viele „Vorfahren".

←Die ersten Menschen

1907 wurde in der Nähe der Stadt Heidelberg der Knochen eines Frühmenschen gefunden. Man nannte ihn *Homo heidelbergensis.* Die Heidelbergmenschen siedelten vor etwa 700 000 Jahren auf dem Gebiet des heutigen Deutschland. Sie hatten einen kleinen Kopf mit hervortretenden Kieferknochen und ernährten sich überwiegend von pflanzlicher Kost. Doch Steinwerkzeuge und Speere lassen vermuten, dass sie auch Jäger waren.

←Die Neandertaler

1856 fand man in einem Steinbruch im Neandertal bei Düsseldorf Teile des Skeletts eines Frühmenschen. *Homo neanderthalensis,* besser bekannt als Neandertaler, wurde nur 1,50 m groß und hatte einen breiten und schweren Knochenbau. Man nimmt an, dass diese Menschen unerschrockene Jäger waren. Sie bestatteten ihre verstorbenen Angehörigen sehr liebevoll.

Im Neanderthal Museum in Mettmann kann man sehen, wie die Neandertaler wahrscheinlich aussahen.

Himmelsscheibe von Nebra

Bild des Himmels ↑

Die Himmelsscheibe von Nebra wurde 1999 in Sachsen-Anhalt gefunden. Sie bewies erstmals, dass sich schon die Germanen der Bronzezeit vor etwa 3000 Jahren auf genaue astronomische Beobachtungen verstanden. Die Scheibe zeigt ein Abbild des Nachthimmels zur Winter- und zur Sommersonnenwende, also dem kürzesten und dem längsten Tag des Jahrs.

Porta Nigra in Trier

Die Römer in Deutschland ↑

Ab etwa 50 v. Chr. eroberten die Römer West- und Südwestdeutschland. Sie nannten das Gebiet „Germania", nach dem Volksstamm der Germanen. Zur Sicherung ihrer Grenzen errichteten sie einen Schutzwall, den Limes. Die Römer blieben mehrere Hundert Jahre. Bis heute zeugen z. B. die Porta Nigra in Trier und die Ruinen in Xanten von der römischen Kultur und Baukunst.

Germanische Stämme ↓

Ab etwa 4000 v. Chr. siedelten sich Vandalen, Goten, Sachsen, Angeln, Teutonen, Cherusker und andere germanische Stämme auf dem Gebiet des heutigen Deutschland an. Im 3. bis 6. Jh. n. Chr. verließen sie ihre Siedlungsgebiete, weil sie vor dem asiatischen Volk der Hunnen fliehen mussten. Während dieser Völkerwanderung legten die Stämme Tausende Kilometer quer durch Europa zurück. In der Folge endete die Herrschaft Roms in Westeuropa. Viele neue germanische Reiche entstanden, darunter das Reich der Franken unter Karl dem Großen.

So dramatisch stellte man sich Mitte des 19. Jh. die Völkerwanderung vor.

← Die Varusschlacht

Im Jahr 9 n. Chr. wollte der römische Feldherr Varus mit drei Legionen von insgesamt knapp 20 000 Mann ins Winterquartier ziehen, als ihn der Cheruskerfürst Arminius (später auch „Hermann" genannt) in einen Hinterhalt lockte. Unter Arminius' Führung besiegten germanische Stämme die römischen Truppen. Die Römer gaben daraufhin ihre Pläne auf, auch den Norden Deutschlands zu erobern.

Das Hermannsdenkmal bei Detmold

Auf vielen Burgen in Deutschland werden heute wieder Ritterturniere veranstaltet.

Mittelalter

Die rund 1000 Jahre zwischen der Völkerwanderung im 5. und der Reformation im 15. Jahrhundert nennt man Mittelalter. Damals herrschten Könige oder Kaiser zusammen mit anderen Adligen. Sehr groß war auch die Macht der Kirche. Die meisten Menschen lebten zu dieser Zeit als Bauern auf dem Land und waren sehr arm.

Lilie, Symbol der Franken

←Ritter – wirklich so edel?

Das Wort „Ritter" kommt von „Reiter". Ritter waren Lehnsleute, die mit ihrem Herrn in die Schlacht zogen. Eine Rüstung, Waffen und ein Pferd gehörten zu ihrer Ausstattung. Sie waren Angehörige des Adelsstands und hatten mehr Rechte als das einfache Volk. Doch viele Ritter wurden nicht im Krieg, sondern bei Turnieren getötet, wo es darum ging, im Kampfspiel Mut und Geschicklichkeit zu beweisen. Neben edlen Rittern gab es auch Raubritterbanden, die die Bevölkerung ausbeuteten.

Burgen→

Das Mittelalter war eine unruhige Zeit, in der es häufig zu Kriegen kam. Mächtige Burgen sollten den Burgherrn schützen und seine Macht betonen. Sie wurden an schwer zugänglichen Plätzen gebaut – hoch oben auf einem Berg oder umgeben von Wasser. Wachtürme, Gräben und dicke Mauern sollten es Feinden so schwer wie möglich machen, eine Burg einzunehmen.

In Deutschland gibt es weit über 2000 Burgen, Schlösser und andere Wehrbauten.

Angreifer mussten sich von einem Tor zum nächsten kämpfen, um die Burg einzunehmen.

Das Kreuz verweist auf das Bündnis mit dem Papst.

Haare, Bart und Mantel bestehen aus Gold.

Der Reichsadler symbolisiert das Heilige Römische Reich.

↑ Karl der Große

Der Herrscher der Franken (747–814) konnte sein Reich bis nach Rom ausdehnen. Weil Karl sich als Nachfolger der römischen Kaiser verstand, ließ er sich im Jahr 800 vom Papst in Rom zum Kaiser krönen. Aus dem Kaisertum entwickelte sich das Heilige Römische Reich, das bis 1806 bestehen sollte.

Finstere Zeiten? →

Die Lebensbedingungen im Mittelalter waren hart. Das Volk musste schwer arbeiten und hohe Abgaben entrichten. Immer wieder kam es zu verheerenden Seuchen. Bei der großen Pestepidemie um 1350 starb etwa ein Drittel aller Menschen in Europa. Auch Hungersnöte waren nicht selten. Doch es gab auch Lichtblicke im „finsteren" Mittelalter, z. B. wurden die ersten Universitäten gegründet.

Der Holzschnitt zeigt ein pestkrankes Paar im Bett.

Ein Pestdoktor begutachtet eine Urinprobe. Ärzte hatten im Mittelalter kein Heilmittel gegen die Pest. Oft wurden sie selbst krank und starben.

Die leere Wiege könnte bedeuten, dass das Baby schon tot war, als die Eltern krank wurden. Die Kindersterblichkeit im Mittelalter war sehr hoch.

Das Schloss der Stadt Quedlinburg war die Pfalz, welche die deutschen Kaiser zum Osterfest aufsuchten.

Die reisenden Kaiser ↑

Die römisch-deutschen Kaiser reisten die meiste Zeit im Land umher, um möglichst vielen Menschen zu zeigen, dass sie die Macht über ihr Reich hatten. Überall gab es „Kaiserpfalzen", also Burgen und ganze Städte, in denen der Kaiser wohnen konnte. Die Burgen standen die meiste Zeit des Jahres leer. Erst kurz vor Ankunft des Kaisers wurden sie mit edlen Möbeln und Geschirr wohnlich ausstaffiert.

Barbarossa →

„Barbarossa" ist italienisch und bedeutet „Rotbart". So wurde der Staufer Friedrich I. genannt, der von 1155–1190 Kaiser des Heiligen Römischen Reichs war. Er schaffte es, das in mehrere Teile zerfallene Reich wieder zu einen. Im 19. Jh. wurde Barbarossa zur Identifikationsfigur für alle, die sich ein einiges Deutschland wünschten.

Das Kyffhäuser-Denkmal in Thüringen zeigt Kaiser Barbarossa. Der Sage nach soll er nicht gestorben sein, sondern nur schlafend im Kyffhäusergebirge ruhen.

Die Reformation

Lange Zeit hatte die katholische Kirche allein bestimmt, wie die Menschen die christliche Religion verstehen sollten. Wer Kritik übte, lief Gefahr, als Ketzer verbrannt zu werden. Im 16. Jahrhundert bemerkten viele Menschen, dass manchen Kirchenfürsten Geld und Macht wichtiger waren, als nach der Lehre von Jesus Christus zu leben. Es kam zu einer Bewegung von Gläubigen, die solche Zustände nicht länger hinnehmen wollten.

Pfarrer und Mönche erklärten, was als Sünde zu betrachten sei.

Wer gegen die Gebote verstoßen hatte, musste Geld bezahlen, um „Vergebung" zu erlangen. Die Kirche wurde auf Kosten der Gläubigen sehr reich.

„Ablasshandel" in einer katholischen Kirche im 16. Jh.

Die Gläubigen konnten „Ablassbriefe" kaufen, in dene stand, dass die Sünden nun erlassen waren

Martin Luther →

Der Mönch Martin Luther (1483–1546) wagte es, die katholische Kirche zu kritisieren, besonders ihren Handel mit Ablassbriefen. 1517 veröffentlichte er seine berühmten 95 Thesen (Lehrsätze). Dank der Erfindung des Buchdrucks (S. 60) konnten Luthers Ideen verbreitet werden. Viele Gläubige und auch Fürsten ließen sich überzeugen und es kam im ganzen Reich zu Kriegen zwischen Katholiken und Protestanten. Im Augsburger Religionsfrieden 1555 wurde die lutherische Lehre schließlich anerkannt und die neue evangelische Kirche stand gleichberechtigt neben der katholischen.

Martin Luther

In dieser Kammer auf der Wartburg bei Eisenach übersetzte Martin Luther die Bibel ins Deutsche. Vorher gab es sie nur auf Latein oder Griechisch.

Die Folgen von Reformation und Krieg↓

Im Dreißigjährigen Krieg starben etwa 7 Mio. Menschen in Deutschland – das waren rund 40 % der Bevölkerung. Es dauerte lange, bis sich das Land vom Krieg erholte. Als Folge des Augsburger Religionsfriedens sind manche Teile Deutschlands noch immer überwiegend evangelisch geprägt, während andere eine überwiegend katholische Bevölkerung haben.

Ökumene: Ein katholischer Pfarrer und eine evangelische Pastorin feiern zusammen die Messe.

Simplicissimus→

Wie es im Dreißigjährigen Krieg zuging, beschreibt Hans Jakob Christoffel von Grimmelshausen (um 1622–1676) in seinem Roman *Der abenteuerliche Simplicissimus Teutsch* von 1668. In ihm sind die Schrecken des Kriegs ebenso geschildert wie das raue Soldatenleben, aber auch einige witzige Begebenheiten. Das Buch gilt als frühes Meisterwerk deutscher Literatur.

Die erste Ausgabe des *Simplicissimus*

30 Jahre Krieg↓

1618 entbrannte ein Krieg, der ganz Europa 30 Jahre lang erschüttern sollte. Es ging nicht nur um den „wahren" Glauben, sondern auch um die Verteilung der Macht zwischen dem Kaiser und den Fürsten und um die Vorherrschaft in Europa. Soldaten zogen plündernd durchs Land und die Bevölkerung litt furchtbar. Der „Westfälische Frieden" markierte das Ende des Dreißigjährigen Kriegs, doch erst mit der Aufklärung im 18. Jh. war die Zeit der Glaubenskriege in Deutschland ganz vorbei.

Der Weg zum Nationalstaat

Anfang des 19. Jahrhunderts eroberten die Franzosen unter Napoleon Bonaparte weite Teile Deutschlands. Er löste 1806 das Heilige Römische Reich auf. 1813 war Napoleon besiegt und Europa wurde beim Wiener Kongress 1815 neu geordnet. Das Ergebnis waren 39 deutsche Einzelstaaten.

Viele, die gegen Napoleon gekämpft hatten, waren enttäuscht: Sie hatten von einem vereinten Deutschland und mehr Freiheit geträumt.

Lästige Kleinstaaterei→

Die deutsche Kleinstaaterei hatte immense Nachteile. Der Handel wurde durch Grenzen und Zölle behindert. In fast jedem Staat gab es andere Gewichts- und Maßeinheiten. 1834 wurde ein erster Schritt dagegen unternommen: Preußen gründete mit 17 weiteren Staaten den „Deutschen Zollverein".

Der Doppeladler, das Wappen des Heiligen Römischen Reichs Deutscher Nation, steht für den Wunsch des Zeichners nach einem einigen Deutschland.

Der Mann mit der Axt symbolisiert den Zollverein.

Schranken und Grenzmarken sind zerschlagen: In den Mitgliedsstaaten des Zollvereins herrscht ein einheitlicher Zolltarif.

↓Die liberale Bewegung

Seit 1815 forderten immer mehr „Liberale" (Freiheitsfreunde) einen deutschen Nationalstaat, Verfassungen und gewählte Volksvertreter. Bei einem Fest auf Schloss Hambach im Pfälzer Wald im Jahr 1832 formulierten sie ihre Ziele. Immer wieder kam es in dieser Zeit zu Aufständen gegen die herrschenden Fürsten.

Das Hambacher Schloss

Die Menschenschlange zieht sich den ganzen Berg hinauf.

← Deutschland - ein Wintermärchen?

Heinrich Heine (1797–1856) beschreibt in seinem Buch *Deutschland. Ein Wintermärchen* anhand kritischer, aber auch witziger gereimter Episoden eine Reise, die den Dichter 1843 quer durch Deutschland führte. Dabei schildert er Probleme wie Zensur und Unfreiheit. Heine und viele andere Schriftsteller wurden in dieser Zeit verfolgt: 1835 wurden seine Schriften verboten.

Reichskanzler Bismarck (links) und Kaiser Wilhelm I.

Erste Sitzung der Nationalversammlung in der Frankfurter Paulskirche

↑ Märzrevolution

Die allgemeine Unzufriedenheit gipfelte in der Märzrevolution von 1848. Diese schien zunächst erfolgreich zu sein: Die erste Nationalversammlung verabschiedete eine Verfassung und wählte den preußischen König Wilhelm IV. (1795–1861) zum Kaiser. Doch der König weigerte sich und 1849 beendeten preußische Truppen die Revolution mit Gewalt.

↑ Das Kaiserreich

Nach dem Sieg im deutsch-französischen Krieg von 1870/71 gründeten Preußen und seine Bündnispartner 1871 das Deutsche Kaiserreich. Der Preußenkönig Wilhelm I. (1797–1888) wurde zum Kaiser ernannt. Viele Deutsche waren begeistert von der nationalen Einheit. Der „Eiserne Kanzler" Bismarck führte das Land mit harter Hand. Doch er brachte auch soziale Reformen auf den Weg.

Gedenkmedaille zur Gründung des Deutschen Reichs 1871

Beim „Hambacher Fest" kamen 30 000 Menschen zusammen. Manche trugen erstmals die schwarz-rot-goldene Flagge in der Öffentlichkeit. Die Farben gehen auf Uniformen zurück, die in den Befreiungskriegen gegen Napoleon getragen wurden, und drücken den Wunsch nach Freiheit aus.

Preußen →

Schon unter Friedrich II. (1712–1786) war Preußen ein mächtiger Staat gewesen. Nach dem Wiener Kongress gewann es beträchtliche Gebiete hinzu und hatte die größte Armee seiner Zeit. Otto von Bismarck (1815–1898), ab 1862 preußischer Ministerpräsident, wollte ein geeintes Deutschland unter Führung Preußens. Nach einem Krieg gegen Österreich begründete er 1867 den Norddeutschen Bund, dem Österreich und die süddeutschen Staaten nicht angehörten. Dieser Staatenbund wurde zum Vorläufer des Deutschen Kaiserreichs.

Bismarck war bei seinen Zeitgenossen so beliebt, dass zahlreiche „Bismarck-Denkmäler" wie dieser Turm gebaut wurden.

Der Erste Weltkrieg

Bei Unruhen in Bosnien wurde 1914 der österreichische Thronfolger Erzherzog Franz Ferdinand von serbischen Unabhängigkeitskämpfern ermordet. Deutschland war zu dieser Zeit mit Österreich-Ungarn verbündet. In einer Kettenreaktion von Kriegserklärungen weitete sich der Konflikt auf ganz Europa aus und wurde mit dem Kriegseintritt der USA 1917 zum Weltkrieg. Auf der einen Seite kämpfte Deutschland zusammen mit Österreich-Ungarn und dem Osmanischen Reich, auf der anderen standen Frankreich, Belgien, England, Russland und die USA.

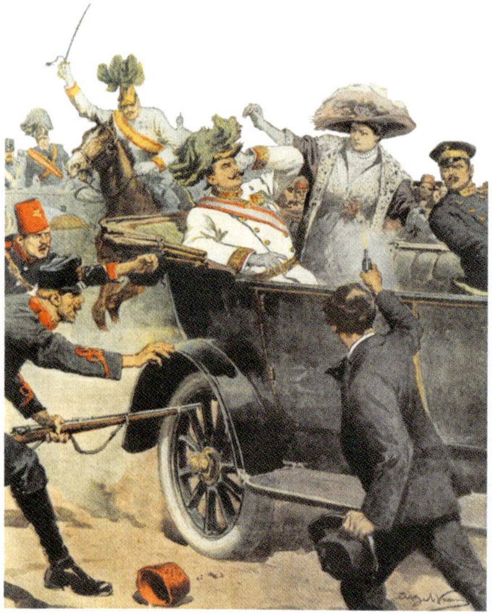

Zeitungen in aller Welt berichteten über das Attentat auf Franz Ferdinand.

Der Beginn↓

Mit der Beistandserklärung für Österreich-Ungarn brachte das Deutsche Kaiserreich unter Wilhelm II. (1859–1941) den Stein ins Rollen, der in den Weltkrieg führte. Deutschland plante, in einem „Blitzkrieg" erst Frankreich zu besiegen, um anschließend alle Truppen gegen Russland einsetzen zu können. Doch als deutsche Soldaten durch das neutrale Belgien marschierten, traten die Engländer in den Krieg ein. Der deutsche Angriff wurde von den Alliierten vor Paris gestoppt und ein langer Stellungskrieg begann.

Deutsche Stellung in einem Schützengraben

Panzer, U-Boote und Flugzeuge →

Der Erste Weltkrieg gilt als erster „moderner“ Krieg: Nicht mehr die Truppengröße, sondern die technische Ausrüstung war entscheidend. In Deutschland und Großbritannien wurden neue Waffen entwickelt: Panzer und U-Boote. Auch Flugzeuge und Giftgas wurden zum ersten Mal eingesetzt.

Die deutschen U-Boote waren gefürchtete Waffen.

Die Begeisterung schlägt um ↓

Zu Kriegsbeginn waren viele Deutsche der Meinung, dass ihre Armee schnell siegreich sein würde. Doch früh zeigte sich, dass dieser Krieg viel brutaler war als alle vorangegangenen. Giftgas, Minen und Granaten führten zu furchtbaren Verstümmelungen. Hunderttausende Soldaten starben. So wurde aus Begeisterung bald Entsetzen.

Kriegsbegeisterung in Deutschland

Bald zeigte sich die ganze Härte und Unbarmherzigkeit des Kriegs.

Novemberrevolution und Weimarer Republik ↓

Anfang November 1918 weigerten sich die Matrosen der deutschen Kriegsmarine in dem längst verlorenen Krieg noch weiterzukämpfen. Aus ihrem Aufstand entwickelte sich innerhalb weniger Tage die „Novemberrevolution“. Am 9. November 1918 wurde die Republik ausgerufen und der Kaiser dankte ab. Deutschland wurde nun erstmals demokratisch regiert. Diese Phase zwischen 1918 und 1933 wird „Weimarer Republik“ genannt.

Kriegsfolgen ↓

Der Erste Weltkrieg war verheerend: Innerhalb weniger Jahre lag fast ganz Europa in Trümmern. 17 Mio. Menschen starben im Krieg und 20 Mio. Soldaten wurden verwundet. Der Versailler Vertrag von 1918 beendete den Krieg. Deutschland musste sich darin verpflichten, hohe Entschädigungen an die Siegernationen zu zahlen.

Nach dem Krieg waren viele deutsche Städte stark zerstört und die Menschen hungerten.

Auf einem Balkon des Berliner Reichstags ruft der SPD-Abgeordnete Philipp Scheidemann die Republik aus.

Die Berliner jubeln Scheidemann zu.

Die Ausrufung der Republik geschah völlig überraschend. Dies ist das einzige Foto, das es gibt.

Der Nationalsozialismus

Deutschland litt an den Folgen des Ersten Weltkriegs. Es kam zu einer Inflation, die dazu führte, dass das Geld nichts mehr wert war. In nur 14 Jahren wechselte die Regierung 20-mal. Doch es gab auch eine kurze Blütezeit der Kunst, Literatur und Wissenschaft, die als die „Goldenen Zwanziger" bekannt wurde. 1929 beendete die Weltwirtschaftskrise diesen kurzen Aufschwung. Die Arbeitslosigkeit wuchs und mit ihr die Unzufriedenheit in der Bevölkerung. Mit gezielter Propaganda gewannen die Nationalsozialisten immer mehr Anhänger.

Kinder spielen 1923 mit fast wertlosen Geldscheinen.

Inflation: 1923 kostete ein Laib Brot rund 300 Mrd. Mark.

Wahlplakat zur Reichstagswahl 1933

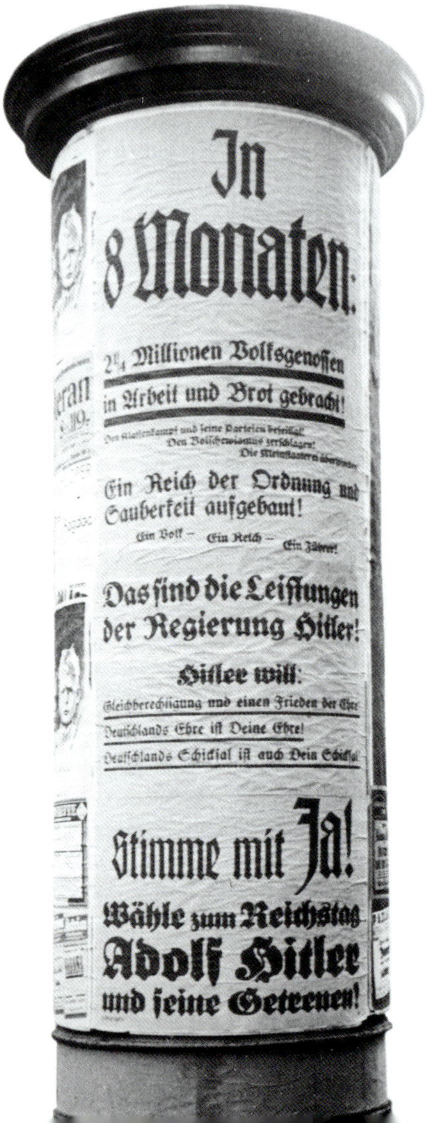

Aufstieg der NSDAP →

Die NSDAP (Nationalsozialistische Deutsche Arbeiterpartei) verstand es, die Ängste der Menschen zu nutzen. Sie war antisemitisch (gegen Juden) eingestellt und gab Juden und Kommunisten die Schuld an den Problemen in Deutschland. Mit Uniformen, Aufmärschen und einem Kult um Adolf Hitler als „Retter" gewann sie immer mehr Anhänger. 1933 wurde Hitler Reichskanzler. Er verbot alle anderen Parteien und kontrollierte die Medien.

Adolf Hitler ↑

Hitler wurde 1889 in Österreich geboren. Nach seiner Zeit als Soldat im Ersten Weltkrieg begann er sich ab 1919 politisch zu engagieren und wurde 1921 Vorsitzender der NSDAP. 1923 versuchte er zusammen mit General Erich Ludendorff die Regierung des Deutschen Reichs zu stürzen, was aber misslang. Hitler kam ins Gefängnis, wo er sein Buch *Mein Kampf* schrieb. Nach der Haftentlassung machte er die NSDAP immer populärer. 1933 wurde er schließlich Reichskanzler. Als brutaler Diktator war er verantwortlich für den Ausbruch des Zweiten Weltkriegs und die massenhafte Ermordung von Juden und anderen Menschen. In den letzten Tagen des Zweiten Weltkriegs, am 30. April 1945, beging er Selbstmord.

Ziele der Nationalsozialisten →

Unter Adolf Hitler, der „Führer" genannt wurde, errichteten die Nationalsozialisten eine gnadenlose Diktatur: das „Dritte Reich". Ihrer Rassentheorie nach gab es minderwertige und höherwertige „Rassen". Die Deutschen sahen sie als „Herrenrasse" anderen Gruppen wie Sinti und Roma oder Farbigen überlegen. Juden wurden in besonderem Maß verfolgt: Die Nazis planten die systematische Vernichtung der jüdischen Bevölkerung Europas. Ein weiteres Ziel war es, neuen Lebensraum in Osteuropa zu erobern und ein deutsches Großreich zu errichten.

Adolf Hitler mit Fabrikarbeitern – die NSDAP gab sich als „Partei der kleinen Leute" aus.

Plakat des Bunds Deutscher Mädel

← Hitlerjugend

Alle deutschen Kinder mussten während der NS-Zeit in der Hitlerjugend (HJ) eine „Jugenddienstpflicht" ableisten. Jungen wurden mit körperlichen Übungen spielerisch für ihre Rolle als Soldat trainiert. Mädchen sollten im Bund Deutscher Mädel (BDM) für ihre Rolle als Hausfrauen vorbereitet werden. Gleichzeitig wurden ihnen die rassistischen Ideen der Nationalsozialisten vermittelt.

Nürnberger Gesetze →

Mit den „Nürnberger Rassengesetzen" von 1935 wurden Juden, Menschen mit Behinderung, Homosexuelle, Kommunisten und andere, die nicht ins Weltbild der Nationalsozialisten passten, aus dem öffentlichen Leben ausgeschlossen: z. B. durften jüdische Kinder nicht mehr zur Schule gehen. Mit der sogenannten „Reichskristallnacht" 1938, in der jüdische Geschäfte und Synagogen in Brand gesetzt wurden, begann die systematische Verfolgung.

Ab 1941 mussten alle Juden den „Judenstern" auf der Kleidung tragen.

Zu den „Reichsparteitagen" inszenierte die NSDAP gigantische Massenveranstaltungen.

Der Zweite Weltkrieg

Bereits kurz nach dem Machtantritt begannen die Nationalsozialisten mit Kriegsvorbereitungen. Hitler wollte das Deutsche Reich vergrößern. 1939 eröffnete Deutschland mit dem Überfall auf Polen den Zweiten Weltkrieg.

Flugzeuge der deutschen Luftwaffe über Frankreich

Adolf Hitler vor dem Eiffelturm (Paris)

← Europa brennt

Die deutsche Wehrmacht brachte bis 1941 fast ganz Mitteleuropa unter ihre Kontrolle. Mitte 1941 griff sie auch Russland an, doch hier wurde ihr Vormarsch gestoppt. Die Russen begannen in Richtung Westen vorzurücken. 1944 landeten amerikanische Soldaten in Frankreich und zogen von dort in Richtung Deutschland. Im Mai 1945 hatten die alliierten englischen, französischen, amerikanischen und russischen Truppen gesiegt. Die deutsche Heeresleitung musste bedingungslos kapitulieren. Hitler hatte sich inzwischen in einem Bunker in Berlin das Leben genommen.

Deutsche Besatzung ↓

In überfallartigen Angriffen, „Blitzkrieg“ genannt, eroberten die Deutschen Polen, die Niederlande und im Juni 1940 Paris. Die Bevölkerung im besetzten Frankreich reagierte unterschiedlich: Manche arbeiteten mit den Deutschen zusammen, andere schlossen sich dem Widerstand an.

Mitte 1942 beherrschte Deutschland mit seinen Verbündeten mehr als die Hälfte Europas und einen Teil der Sowjetunion.

Deutsche Soldaten rücken in Richtung Stalingrad vor (1942).

Die Weiße Rose →

Während der NS-Zeit konnte jeder verhaftet werden, der sich kritisch über die Regierung äußerte. Fünf Münchener Studenten, darunter Hans und Sophie Scholl, gründeten trotzdem die Widerstandsgruppe „Weiße Rose". In Flugblättern klagten sie die Verbrechen des Regimes an. Am 18. Februar 1943 wurden sie verhaftet und kurz darauf hingerichtet.

Hans Scholl (links), Sophie Scholl und Christoph Probst

Flucht aus der Heimat →

Als die russische Armee ab 1944 in Richtung Westen marschierte, besetzte sie zuerst Ostpreußen und Pommern. Die Deutschen, die dort lebten, flüchteten im Winter zu Fuß über Hunderte Kilometer. Bei der Ankunft im Westen hatten sie keine Wohnung und keinen Besitz. Sie wurden bei Familien zwangseinquartiert oder kamen in Auffanglager.

In den letzten Kriegstagen wurden selbst Kinder in den Kampf geschickt.

Der Holocaust →

Den Mord an etwa 6 Mio. Juden während der Zeit des Nationalsozialismus bezeichnet man als Holocaust (von griech. *holókaustos* für „völlig verbrannt"). Die Nationalsozialisten sprachen verharmlosend von der „Endlösung der Judenfrage". Juden wurden in Ghettos eingepfercht und in Konzentrationslager deportiert. In Vernichtungslagern wurden sie und andere Bevölkerungsgruppen systematisch ermordet.

Das Eisenbahntor von Auschwitz-Birkenau: Die meisten Menschen wurden in Zügen zu den Lagern deportiert.

← Anne Frank

Weil Anne Franks Familie jüdisch war, floh sie bereits 1934 in die niederländische Stadt Amsterdam. Nach dem Einmarsch der Deutschen mussten sie sich ab 1942 auch dort verstecken. Doch ihr Versteck wurde verraten. Anne Frank starb 1945 im Alter von 15 Jahren im Konzentrationslager Bergen-Belsen. Ihr Tagebuch wurde weltbekannt.

Bei den Nürnberger Prozessen standen einige der Hauptkriegsverbrecher vor Gericht.

← Nach dem Krieg

Als die Konzentrationslager befreit wurden, zeigte sich das ganze Ausmaß der schrecklichen Nazi-Herrschaft. Millionen Menschen waren getötet worden. Bei den Nürnberger Prozessen von 1949 wurden viele Kriegsverbrecher verurteilt. Doch es gab noch viel mehr Menschen, die sich in der NS-Zeit schuldig gemacht hatten, sei es als aktive Unterstützer oder als Mitläufer. Alle Überreste des Nationalsozialismus sollten nun aus dem Alltag verschwinden. Symbole wie z. B. das Hakenkreuz wurden gesetzlich verboten.

Zwei Staaten

Nach Kriegsende 1945 wurde Deutschland in vier Besatzungszonen aufgeteilt. Alles lief auf eine Teilung hinaus: Die DDR (Deutsche Demokratische Republik) wurde sozialistisch regiert und stand unter dem Einfluss der Sowjetunion. In den drei westlichen Zonen wurde die Bundesrepublik Deutschland gegründet. Dank des Marshall-Plans, der die Wirtschaft im Westen mit Milliarden von US-Dollars unterstützte, erlebte Westdeutschland bald einen erstaunlichen Aufschwung.

Mitten durch Berlin verlief die „Sektorengrenze“. Anfangs konnte man sie noch ungehindert passieren.

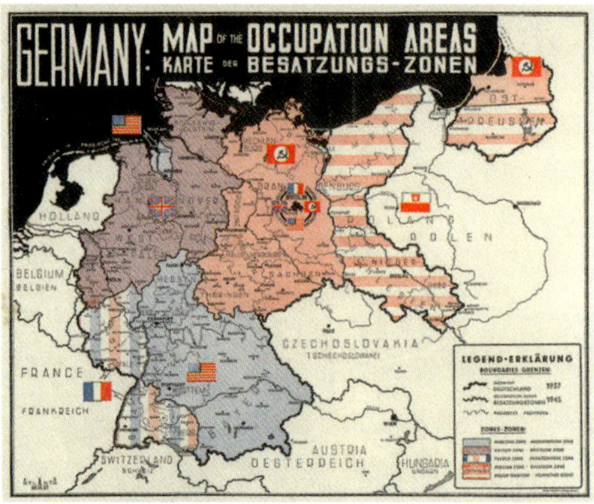

Die vier Besatzungszonen 1945. Die Flaggen stehen für die jeweiligen Besatzungsmächte. Die quer gestreiften Gebiete waren Polen und der Sowjetunion zugeschlagen worden.

← Die Teilung

Briten, Franzosen und Amerikaner hatten andere Vorstellungen über Deutschlands Zukunft als die Sowjetunion. Dies führte 1949 zur Teilung Deutschlands in zwei Staaten.

Die Berliner nannten die Flugzeuge der Luftbrücke „Rosinenbomber“.

↓ Luftbrücke

Der von den Westalliierten besetzte Teil Berlins lag wie eine Insel in der Sowjetischen Besatzungszone. Als es zwischen den Siegermächten zum Streit kam, blockierten die Sowjets von Juni 1948 bis Mai 1949 alle Zufahrtswege nach Berlin. Die Westalliierten richteten daraufhin eine „Luftbrücke“ ein: Flugzeuge brachten Lebensmittel in die Stadt.

Flagge der BRD

Die Flagge der DDR: Ährenkranz, Hammer und Zirkel symbolisierten das Bündnis von Bauern, Arbeitern und Akademikern.

↑ Gründung von BRD und DDR

Am 23. Mai 1949 wurde die Bundesrepublik Deutschland (BRD) gegründet. Hauptstadt der BRD war Bonn. Am 7. Oktober 1949 wurde im Ostteil Deutschlands die Deutsche Demokratische Republik (DDR) ins Leben gerufen, deren Hauptstadt Ostberlin war. Damit gab es zwei deutsche Staaten. Im Osten sollte ein sozialistischer Staat nach sowjetischem Vorbild errichtet werden.

Fortsetzung auf Seite 32

Währungsreform →

Nach dem Krieg war die Reichsmark wertlos. Die Menschen versorgten sich auf Schwarzmärkten, wo sie z. B. Zigaretten gegen andere Waren eintauschten. Das änderte sich erst 1948 mit der Währungsreform. Im Westteil wurde die Deutsche Mark eingeführt. Im Ostteil gab es die Mark der DDR, die allerdings im Ausland nicht viel wert war.

Einer der ersten D-Mark-Scheine

Der Volksmund nannte die Mark der DDR „Ostmark".

Dieses Denkmal des sozialistischen Vordenkers Karl Marx steht in Chemnitz, das in der DDR Karl-Marx-Stadt hieß.

↑ Ein sozialistischer Staat

Während sich in den drei westlichen Zonen Demokratie und soziale Marktwirtschaft etablierten, strebte man in der DDR ein neues Gesellschaftssystem an, den Sozialismus. Es sollte soziale Gleichheit herrschen und alles Eigentum sollte dem Volk gehören. Durch Erziehung und politische Propaganda wollte man den Traum von einem Arbeiter-und-Bauernstaat verwirklichen.

↑ „Junkerland in Bauernhand"

Bereits 1945 wurde in der DDR Grundbesitz enteignet und Kleinbauern, Landarbeitern und Vertriebenen zugesprochen. Diese schlossen sich später zu größeren Produktionsgenossenschaften zusammen. Die Wirtschaftsunternehmen wurden zu volkseigenen Betrieben (VEB) erklärt. Somit konnte die gesamte Wirtschaft zentral verwaltet und staatlich gelenkt werden (Planwirtschaft).

Viele Westdeutsche konnten sich erstmals ein Auto kaufen und damit in den Urlaub fahren.

↑ „Wirtschaftswunder"

Durch die D-Mark und den Marshall-Plan kam die Wirtschaft in Westdeutschland in den 1950er-Jahren schnell in Schwung. Viele Menschen fanden wieder Arbeit und es gab ein großes Warenangebot. Bald konnte man sich wieder gutes Essen und schöne Kleidung leisten. So einen schnellen Aufschwung hatte nach dem Krieg niemand für möglich gehalten. Deswegen wird diese Zeit bis heute „Wirtschaftswunder" genannt.

Aufstand im Osten ↓

Ohne Marshall-Plan hatte es die DDR schwer, die Wirtschaft anzukurbeln. Immer mehr Bürger wanderten in den Westen ab. Es fehlte an Arbeitskräften und Waren und alles wurde teurer. Bodenreform und Enteignung sorgten für zusätzlichen Unmut. Nachdem im Mai 1953 auch noch die Arbeitsnormen (die Stückzahl zu produzierender Güter in einem festgelegten Zeitraum) erhöht wurden, kam es zum Volksaufstand. Über eine halbe Million Menschen protestierten am 17. Juni gegen die Regierung. Der Aufstand wurde vom sowjetischen Militär und der Volkspolizei gewaltsam niedergeschlagen.

Fortsetzung von Seite 31

Unruhige Zeiten

In den Jahrzehnten nach dem Zweiten Weltkrieg herrschte „Kalter Krieg" zwischen den kapitalistischen Westmächten unter Führung der USA und dem sozialistischen Ostblock (der Sowjetunion und ihren Verbündeten). An der innerdeutschen Grenze stießen beide Weltanschauungen aufeinander. Gleichzeitig gab es gesellschaftliche Umbrüche: In der BRD entstanden Studenten- und Bürgerrechtsbewegungen, die grundlegende Reformen forderten.

Bei den Studentendemonstrationen setzte die Polizei Wasserwerfer ein.

↑Die „68er" im Westen

In den 1960er-Jahren begannen junge Menschen Fragen über die Zeit der NS-Diktatur zu stellen. Sie rebellierten gegen die Autorität von Eltern, Lehrern und Professoren und forderten Reformen in der Politik. Vor allem 1968 gab es viele Proteste. Mit ihrer außerparlamentarischen Opposition erreichte die „68er"-Bewegung, dass das gesellschaftliche Leben in der BRD toleranter und offener wurde.

Die Berliner Mauer↓

Aufgrund der schlechten wirtschaftlichen Lage und der politischen Situation wollten viele Menschen die DDR verlassen. Daher beschloss die Regierung 1961, die Grenze zu schließen. In Berlin, das zur Hälfte zur DDR und zur Hälfte zur BRD gehörte, wurde über Nacht eine Mauer quer durch die Stadt errichtet. Jeder, der versuchte, die Grenze heimlich zu überqueren, konnte von Soldaten erschossen werden. Insgesamt kamen über 250 Menschen bei dem Versuch, die Berliner Mauer zu überwinden, ums Leben.

Die Berliner Mauer teilte nicht nur die Stadt, sondern trennte auch Familien.

Die Rote Armee Fraktion (RAF)↓

Eine kleine Minderheit der „68er" wollte keine Reformen, sondern eine völlig andere Gesellschaft. Sie gründete 1970 die RAF, eine linksradikale Terrororganisation, die politische Veränderungen in der BRD mit Waffengewalt erzwingen wollte. Es kam zu Bombenanschlägen, Entführungen und Ermordungen von Politikern und Industriellen. Erst 1998 löste sich die illegale Vereinigung auf.

1977 entführte die RAF den Arbeitgeberpräsidenten Hanns Martin Schleyer und ermordete ihn nach mehreren Wochen Gefangenschaft.

Der Kniefall von Warschau

↑Neue Ostpolitik

In den 1960er-Jahren wurde unter Bundeskanzler Willy Brandt (1913–1992) eine neue Politik gegenüber denjenigen Nachbarländern der BRD eingeleitet, die zum Ostblock gehörten. Ein wichtiges Signal, dass die Deutschen sich zu ihren Kriegsverbrechen bekannten, war Brandts Kniefall an einer Gedenkstätte für die Opfer des Zweiten Weltkriegs in Warschau (Polen). Für seine Politik der Versöhnung mit den Staaten Osteuropas erhielt Brandt 1971 den Friedensnobelpreis.

1983 wurde die drei Jahre zuvor gegründete Partei „Die Grünen" erstmals in den Bundestag gewählt.

Ölkrise und Umweltschutz→

Das Wirtschaftswachstum in Westdeutschland geriet in den 1970er-Jahren erstmals ins Stocken. 1973 kam es infolge eines Kriegs zwischen Israel und arabischen Ländern zur „Ölkrise" mit steigenden Rohölpreisen und Benzinknappheit. In den 1980er-Jahren wurde deutlich, dass die Umwelt massiv unter der Industrialisierung litt. Bürgerinitiativen und die neue Partei „Die Grünen" setzten sich für Umweltschutz, gegen Atomkraft und für den Frieden ein.

Autofreier Sonntag während der Ölkrise

Leben in der DDR

Auch wenn sie das Wort im Namen führte – die Deutsche Demokratische Republik war kein demokratischer Staat. Es gab keine freien Wahlen und es regierte nur eine Partei, die SED. Die Bürger durften nicht offen ihre Meinung sagen, wurden vom Staat bespitzelt und konnten nicht frei reisen. Politisch gesehen war die DDR also ein Unrechtsstaat. Es gab aber auch Dinge, die die Menschen dort schätzten.

Neben dem DDR-Wappen ist das Zeichen der Jungpioniere zu sehen.

Blaues Halstuch der Jungpioniere

Pioniere trugen ein weißes Hemd, FDJ-Mitglieder ein blaues.

↑Erziehung zum Sozialismus

Grundschulkinder traten automatisch der staatlichen Organisation der „Jungpioniere" bei. Ab der 4. Klasse wurden sie zu Thälmann-Pionieren (benannt nach dem kommunistischen Politiker Ernst Thälmann). Mit 14 Jahren wurde man in die FDJ (Freie Deutsche Jugend) aufgenommen. Trotz der politischen Erziehung, die Aufgabe dieser Organisationen war, erlebten viele die zahlreichen Freizeitangebote als positiv.

„Der Schwarze Kanal" des DDR-Fernsehens attackierte die Berichterstattung westdeutscher Sender.

Das überwachte Volk↓

In der DDR gab es keine Meinungsfreiheit. Die sogenannte Staatssicherheitsbehörde (Stasi) überwachte DDR-Bürger und spionierte sie aus. Hauptamtliche Spitzel und „Inoffizielle Mitarbeiter" (IM) konnten sogar aus der eigenen Familie stammen. Kritische Äußerungen – selbst im privaten Umfeld – blieben somit meist nicht ohne Folgen. Menschen, die Missstände offen ansprachen, kamen nicht selten ins Gefängnis.

Seit den 1990er-Jahren werden die Stasi-Akten ausgewertet, um festzustellen, wie viel Unrecht begangen wurde.

Schulsystem↓

Wichtigstes Ziel des Schulsystems in der DDR war die Erziehung im Sinne des Sozialismus. Russischunterricht war ebenso Teil der Ausbildung wie das Fach „Staatsbürgerkunde". Seit 1978 vermittelten Soldaten der Nationalen Volksarmee den Kindern im „Wehrunterricht" militärisches Grundwissen.

Wehrunterricht in der DDR

←Medien

Presse und Fernsehen der DDR wurden staatlich gelenkt und überwacht: Der Staat entschied, was veröffentlicht werden durfte. Zeitungen, Rundfunk und Fernsehen wurden hauptsächlich dazu genutzt, sozialistisches Gedankengut zu verbreiten. Der Empfang von westdeutschen Fernseh- oder Radioprogrammen war verboten, viele Menschen sahen allerdings trotzdem heimlich „Westfernsehen".

Regierungskritische Pfarrer wie Friedrich Schorlemmer wurden von der Stasi überwacht.

Flucht →

DDR-Bürger durften nicht ins westliche Ausland reisen. Sogar Verwandtenbesuche im Westen waren nur unter bestimmten Bedingungen erlaubt. Diese Einschränkungen waren neben politischen Gründen ausschlaggebend für z. T. spektakuläre Fluchtversuche. So gelang 1964 in Berlin 57 Ostberlinern durch einen Tunnel die Flucht in den Westen.

Der Tunnel zwischen der Bernauer Straße (West) und der Strelitzer Straße (Ost) wurde von Westberliner Fluchthelfern angelegt.

↑ Kirche

Die Mehrheit der DDR-Bürger gehörte keiner Glaubensgemeinschaft an. Man feierte zwar Festtage wie Ostern und Weihnachten, jedoch ohne religiösen Bezug. Als Alternative zur Konfirmation gab es die Jugendweihe. Die Kirchen genossen in der DDR zwar eine gewisse Autonomie und waren darum gerade für Andersdenkende ein wichtiger Anlaufpunkt, doch wer sich zu einem Glauben bekannte, hatte es nicht leicht: Die SED versuchte immer wieder, Druck auszuüben und die Kirchen in ihrer Arbeit einzuschränken.

Wenn es knappe Waren wie Kaffee, Schokolade oder Südfrüchte gab, bildeten sich vor den Geschäften lange Schlangen (wie hier 1982 in Berlin).

← Päckchen von drüben

Die meisten Familien hielten per Brief Kontakt zu ihrer Verwandtschaft im jeweils anderen Teil Deutschlands – nur wenige DDR-Bürger hatten ein eigenes Telefon. Weil es im Osten nicht alles zu kaufen gab, waren „Versorgungspakete“ von Verwandten aus dem Westen sehr begehrt. Zwar gab es in sogenannten Intershops die Möglichkeit Westwaren zu kaufen, doch konnte man dort nur mit D-Mark, US-Dollar oder Schweizer Franken bezahlen.

Typisch DDR ↓

Um den besonderen Stil von DDR-Produkten hat sich ein Kult entwickelt, der heute „Ostalgie“ genannt wird. Das „Ampelmännchen“ z. B. trug in der DDR einen Hut. Die DDR-Automarke Trabant wurde liebevoll „Trabbi“ genannt. In über 34 Jahren wurde der Wagen technisch kaum weiterentwickelt und behielt sein typisches Erscheinungsbild.

Von 1957–1991 wurde in Zwickau der Trabant gebaut.

Die Mauer fällt

Viele Menschen wollten das unfreie Leben in der DDR nicht mehr hinnehmen. 1989 kam es zu einer massenhaften Flucht von DDR-Bürgern über die kurz zuvor geöffnete ungarische Grenze. In Leipzig versammelten sich Zehntausende zu den „Montagsdemonstrationen". Es war der Beginn der „Wende", der Wiedervereinigung beider deutscher Staaten.

Feierlichkeiten zum 40. Jahrestag der DDR

70 000 Menschen kamen am 9. Oktober 1989 in Leipzig zusammen. Diese friedlichen Proteste läuteten das Ende der DDR ein.

← Immer montags

Auch innerhalb der DDR wurden Rufe nach Reisefreiheit und Demokratie lauter. Zunächst versammelten sich montags kleine Gruppen von Menschen in Leipziger Kirchen. Bald begannen die Menschen auch in anderen Städten montagabends auf die Straße zu gehen. Die friedlichen „Montagsdemonstrationen" setzten das Regime unter Druck.

Nach den Friedensgebeten demonstrierten die Menschen auf der Straße.

← Massenflucht

Unter der Führung von Michail Gorbatschow begann die Sowjetunion sich dem Westen zu öffnen. Länder wie Ungarn und Polen lösten sich allmählich von der engen Bindung zum sozialistischen Bruderstaat. Im Mai 1989 öffnete Ungarn seine Grenze zum Nachbarland Österreich. Tausende DDR-Bürger nutzten die Grenzöffnung zur Flucht über Österreich in die BRD, obwohl sie jederzeit hätten verhaftet werden können.

DDR-Bürger flüchten im Sommer 1989 von Ungarn nach Österreich.

Fortsetzung auf Seite 38

← Den Schein wahren

Trotz der Spannungen im Land feierte die DDR-Führung noch am 7. Oktober 1989 in Berlin den 40. Jahrestag der Staatsgründung. In seiner Rede lobte Generalsekretär Erich Honecker (1912–1994) die Erfolge der DDR und sah in eine positive Zukunft. Die Forderung des sowjetischen Regierungschefs Gorbatschow, das Land zu reformieren, beachtete er nicht. Am Rande der Feierlichkeiten fanden Demonstrationen statt. Immer wieder rief die Menge: „Gorbi, hilf uns!“

↑ „Wir sind das Volk!“

Mit dieser Parole machten die Demonstranten der Montagsdemos deutlich, um wen es in einem gut regierten Staat gehen sollte: das Volk. Viele hatten Angst, dass die Armee gegen sie aufmarschieren würde. Doch erstaunlicherweise blieb es friedlich.

Der „Irrtum“ der Grenzöffnung ↓

Am 9. November 1989 wurde bei einer abendlichen Pressekonferenz von Günter Schabowski, einem Mitglied der DDR-Regierung, die sofortige Reisefreiheit nach Westdeutschland verkündet. Das war eine Sensation – und ein Irrtum! Die Grenze sollte erst am folgenden Morgen geöffnet werden. Sofort nachdem diese im Meldung Fernsehen verbreitet worden war, strömten Tausende zu den Grenzposten.

Berliner aus beiden Teilen der Stadt besetzen die Mauer am Brandenburger Tor.

11. November 1989: am Grenzübergang Potsdamer Platz werden Teile der Mauer entfernt.

↑ Die Grenze ist offen

Am Abend des 9. November 1989 wurden tatsächlich die meisten Grenzübergänge zur Bundesrepublik für die DDR-Bürger geöffnet und wenige Tage später folgten alle anderen. Die Grenzöffnung führte in kurzer Zeit zum Sturz der DDR-Diktatur. Im Januar 1990 stürmten Demonstranten die Zentrale der Staatssicherheitsbehörde, dem „Geheimdienst“ der DDR, dessen Ziel es war, das eigene Volk zu bespitzeln und auszuspionieren.

Fortsetzung von Seite 37

Die Wiedervereinigung

Mit dem Anschluss der DDR an das Staatsgebiet der BRD 1990 wurde Ostdeutschland in fünf neue Bundesländer aufgeteilt und gehört seitdem zur Bundesrepublik Deutschland. Noch im selben Jahr wurde im Zuge einer Währungsreform die D-Mark in den neuen Bundesländern eingeführt. Bei aller Euphorie war die Zeit nach der Wiedervereinigung für viele Menschen jedoch keine einfache Zeit.

↑Ein Staat oder zwei Staaten?

Die alte DDR-Regierung war zurückgetreten. Am 18. März 1990 fand die erste freie Wahl in der Geschichte der DDR statt. Ein Parteienbündnis, das für eine rasche Vereinigung der deutschen Staaten eintrat, gewann die Mehrheit. Über die Wiedervereinigung wurde in den folgenden Monaten heftig diskutiert. Viele Menschen forderten eine Volksabstimmung. Doch die Regierungen von BRD und DDR einigten sich ohne das Volk: Am 3. Oktober 1990 wurde das Staatsgebiet der DDR der Bundesrepublik angegliedert. Der „Tag der Deutschen Einheit" wurde feierlich begangen und ist ein bundesweiter Feiertag.

Treffen der DDR-Oppositionsgruppe Neues Forum

←Bürgerbewegung

Die Oppositionsbewegungen bemühten sich um eine Reformierung der DDR. Für sie war nicht die Wiedervereinigung das Ziel, sondern ein gemäßigt sozialistischer Staat. Am „Runden Tisch" trafen sich Bürgerrechtler mit Vertretern der ehemaligen Regierungspartei SED. Allerdings wurde diese Form des Dialogs 1990 wieder abgeschafft. Viele, die die Wende mit ihren friedlichen Protesten erst möglich gemacht hatten, waren enttäuscht, dass sie die Zukunft der DDR nicht mitgestalten konnten. Die größte Bürgerbewegung, das Neue Forum, ging schließlich in der Partei Bündnis 90/Die Grünen auf.

Die Chemiefirma Leunawerke in Sachsen-Anhalt wurde privatisiert. Tausende verloren ihre Arbeitsplätze.

← Treuhand

Die Treuhandanstalt wurde 1990 gegründet, um die staatlichen Betriebe der DDR zu privatisieren. So sollte ein Teil der Schulden getilgt und der Übergang in die Marktwirtschaft vorangetrieben werden. Doch viele Betriebe waren in einem schlechten Zustand und wurden für sehr wenig Geld oder gar nicht verkauft. Ganze Industriezweige gingen kaputt und die Arbeitslosenquote stieg auf bis zu 14 %.

Schwierige erste Jahre ↓

In den ersten Jahren war in der ehemaligen DDR von den „blühenden Landschaften", die Bundeskanzler Helmut Kohl versprochen hatte, nicht viel zu sehen. Zwar gab es große finanzielle Hilfen aus dem Westen, aber die Umstellung von Planwirtschaft auf soziale Marktwirtschaft war nicht einfach. Dazu kam, dass einige Menschen sich von westdeutschen Geschäftemachern betrogen fühlten, sodass es noch lange Vorurteile zwischen Ost- und Westdeutschen gab. Gelegentlich bezeichnete man sich spöttisch als „Ossis" und „Wessis".

Angestellte der Deutschen Seereederei in Rostock protestieren 1993 gegen das Vorgehen der Treuhand.

Helmut Kohl →

Der CDU-Politiker Helmut Kohl (1930–2017) war zur Zeit der Wende Kanzler der Bundesrepublik. Mit viel Initiative trieb er die Vereinigung von DDR und BRD voran. Er wird daher oft als „Vater der Wiedervereinigung" bezeichnet. Kritiker werfen ihm aber auch Fehler vor. So war es Kohls Regierung, die eine Volksabstimmung zur Wiedervereinigung nicht zulassen wollte und die Einigung „von oben" durchsetzte. Auch viele wirtschaftliche Probleme in der Zeit nach der Wende werden Kohls Regierung angelastet.

Vater der Wiedervereinigung?

Aufbau Ost ↓

Hauptstadt Gesamtdeutschlands wurde Berlin. Es begann ein nie da gewesener Bauboom. Das Straßen- und Schienennetz wurde ausgebaut und verfallene Städte und Dörfer wurden saniert. Unternehmen aus dem Westen siedelten sich an. Doch immer noch verursachen Arbeitslosigkeit und die Abwanderung junger Menschen große Probleme. Bei der Angleichung der Lebensverhältnisse soll der Solidaritätszuschlag helfen, den jeder Steuerzahler bezahlen muss.

Der Potsdamer Platz in Berlin war jahrelang die größte Baustelle Europas.

Der Potsdamer Platz heute

Politisches System

Die Bundesrepublik Deutschland ist eine moderne, weltoffene Demokratie. Die Grundidee hinter allem ist die Gewaltenteilung. Die Gesetze werden vom Bundestag erlassen (Legislative), die Einhaltung der Gesetze wird von der Bundesregierung und Behörden wie der Polizei sichergestellt (Exekutive) und die Rechtsprechung (Judikative) entscheidet, ob jemand gegen das Gesetz verstoßen hat. Dadurch soll ausgeschlossen werden, dass ein Einzelner zu viel Macht bekommt und zum Beispiel einzelne Volksgruppen oder Personen benachteiligt werden.

Richterinnen und Richter des Bundesverfassungsgerichts

↑ Rote Roben

Das höchste Gericht in Deutschland ist das Bundesverfassungsgericht. Jeder Bürger Deutschlands hat das Recht, hier prüfen zu lassen, ob ein neues Gesetz gegen das Grundgesetz verstößt. Wenn die Richter in ihren roten Roben ihr Urteil verkünden, muss sich jeder beugen – auch die Bundesregierung.

← Grundgesetz

Das Grundgesetz ist die Verfassung der Bundesrepublik Deutschland. Es enthält die wichtigsten Regeln für die Staatsgewalt und legt die Rechte der Menschen fest, die in Deutschland leben. Besonders wichtig sind die Grundrechte (S. 43). Sie dürfen von keiner Regierung, keinem Parlament oder Gericht abgeschafft werden. Das Grundgesetz legt fest, dass Deutschland immer demokratisch regiert werden muss. Dadurch soll verhindert werden, dass nochmals ein Diktator wie z. B. Adolf Hitler an die Macht kommt.

Bundestag →

Der Deutsche Bundestag besteht aus etwa 600 Abgeordneten, die das Volk für 4 Jahre bei der Bundestagswahl wählt. Er ist das Parlament oder die Volksvertretung der Bundesrepublik Deutschland. Man nennt die Abgeordneten daher auch Volksvertreter. Bei ihren Sitzungen diskutieren Mitglieder und Gegner der Regierung (Opposition) über neue Gesetze. Diese Gesetze können nur beschlossen werden, wenn die Mehrheit des Bundestags zustimmt. Bei manchen Gesetzen muss zusätzlich der Bundesrat als Vertretung der Bundesländer einverstanden sein. Eine weitere wichtige Rolle des Bundestags ist es, die Politik der Bundesregierung zu kontrollieren.

Fortsetzung auf Seite 42

Bundesrat →

Der Bundesrat besteht aus Mitgliedern der Regierungen der einzelnen Bundesländer. Alle neuen Gesetze müssen dem Bundesrat vorgelegt werden. Gesetzen, die die Bundesländer betreffen, muss der Bundesrat seine Zustimmung geben. Der Bundesrat darf auch selbst Gesetze einbringen und zur Abstimmung vorlegen.

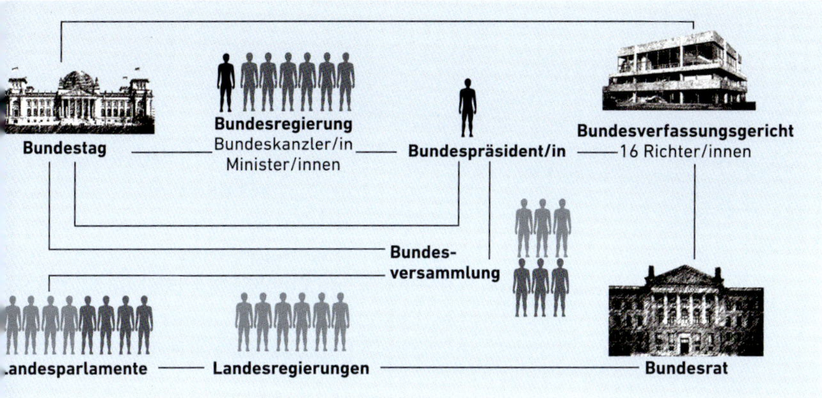

← Verfassungsorgane

Neben der Bundesregierung haben auch die Regierungen der Bundesländer viel zu sagen. Dieses Prinzip nennt man Föderalismus. Alle Einrichtungen, die mitentscheiden, orientieren sich am Grundgesetz, der Verfassung. Man nennt sie daher auch Verfassungsorgane. Die Grafik veranschaulicht, wie die einzelnen Verfassungsorgane miteinander zusammenhängen.

2005 trat mit Angela Merkel zum ersten Mal eine Frau das Bundeskanzleramt an.

Plenarsitzung im Deutschen Bundestag

Bundespräsident/in ↓

Der Bundespräsident ist zwar das Staatsoberhaupt, aber nicht der mächtigste Politiker im Staat. Er erfüllt vor allem repräsentative Aufgaben. Er vertritt z. B. Deutschland im Ausland oder empfängt Staatsoberhäupter anderer Länder. Neue Gesetze besitzen ohne seine Unterschrift keine Gültigkeit. Außerdem hat er als Einziger das Recht, Gefangene zu begnadigen. Der Bundespräsident wird von der Bundesversammlung für 5 Jahre gewählt.

Richard von Weizsäcker, Bundespräsident von 1984–1994, zählt zu den beliebtesten deutschen Politikern der Nachkriegsgeschichte.

↑ Die Bundesregierung

Der Bundeskanzler bzw. die Bundeskanzlerin wird vom Bundestag für 4 Jahre gewählt und ist das Oberhaupt der Bundesregierung. Das bedeutet, dass er oder sie bestimmen kann, nach welchen Grundsätzen Deutschland regiert wird. Für bestimmte Arbeitsgebiete wie Bildung, Wirtschaft oder Außenpolitik sind die Minister oder Ministerinnen zuständig. Sie werden vom Bundeskanzler ausgewählt und können auch von ihm entlassen werden. Bisher gab es acht Bundeskanzler, darunter seit 2005 erstmals eine Frau: Angela Merkel.

Fortsetzung von Seite 41

42 Demokratie

Deutschland ist eine Republik, die demokratisch regiert wird. Das Wort kommt aus dem Griechischen und bedeutet „Herrschaft des Volkes". Alle Deutschen sind an den politischen Entscheidungen mitbeteiligt. Dafür gibt es Wahlen: Die Bürger wählen Parteien und Politiker, von denen sie im Parlament vertreten werden wollen. Deswegen wird diese Demokratieform auch als „parlamentarische Demokratie" bezeichnet. Die Abgeordneten im Parlament nennt man auch Volksvertreter, denn sie versuchen, die Interessen ihrer Wähler zu vertreten. Es gibt auch noch andere Formen mitzubestimmen, z. B. indem man demonstrieren geht oder sich selbst in einer Partei engagiert.

↑Wahlkampf

Vor den Wahlen werben alle Parteien für ihre jeweiligen Ziele. Diese Phase nennt man Wahlkampf. In den Bundestag dürfen nur die Parteien einziehen, die mindestens 5 % aller Wählerstimmen bekommen haben. Jeder Bürger kann einer Partei beitreten und dadurch Einfluss auf die Politik nehmen.

Auf einem Stimmzettel sind alle Parteien und Politiker verzeichnet, die zur Wahl stehen. Mit einem Kreuz zeigen die Wahlberechtigten an, für welche Partei sie stimmen.

Bei der Bundestagswahl hat der Stimmzettel zwei Spalten. Mit der Erststimme wird ein Kandidat gewählt, mit der Zweitstimme eine Partei.

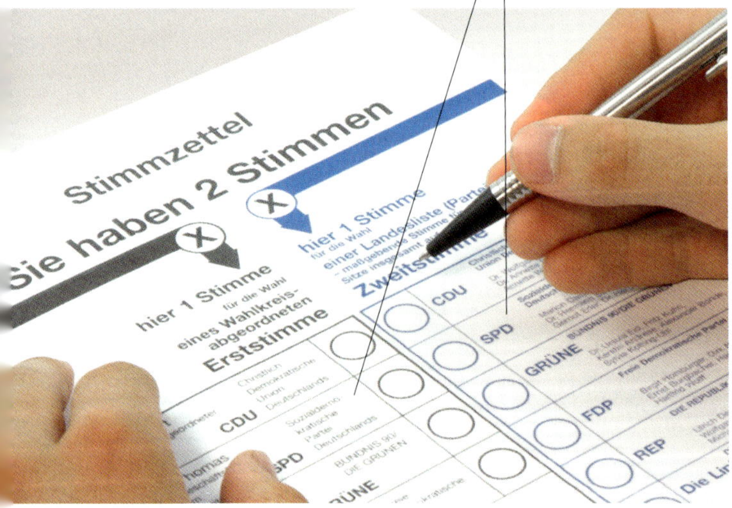

↑Wählen gehen!

Bei den Bundestagswahlen haben alle Deutschen, die das 18. Lebensjahr vollendet haben, das Recht, ihre Stimme einer Partei und einem Politiker zu geben. Außerdem gibt es Landtagswahlen, bei denen die Abgeordneten des Landtags, und Kommunalwahlen, bei denen die Politiker auf Stadt- und Landkreisebene bestimmt werden. Bei Kommunalwahlen darf in einigen Bundesländern schon ab einem Alter von 16 Jahren gewählt werden. Die Wahlen in Deutschland müssen „frei und geheim" sein. Das heißt, dass alle ihre Stimme frei einer Partei ihrer Wahl geben können und niemandem zu sagen brauchen, wen sie gewählt haben. Deshalb gibt es in den Wahllokalen (öffentliche Gebäude wie z. B. Schulen) Wahlkabinen, damit niemand sieht, wen man wählt.

Die politischen Parteien↓

Eine Partei besteht aus Politikern mit denselben politischen Grundansichten. Alle Parteien haben Jugendorganisationen. In ihnen kann man sich mit dem Parteiprogramm auseinandersetzen und erste Verantwortung in Form von Ämtern übernehmen.

Auch Kinder dürfen demonstrieren, wie hier bei einer Demo von Schülern und Eltern vor dem Brandenburger Tor in Berlin.

Die wichtigsten deutschen Parteien

SPD
Sozialdemokratische Partei Deutschlands
Gründungsjahr 1890

CDU*
Christlich Demokratische Union
Gründungsjahr 1945

FDP
Freie Demokratische Partei
Gründungsjahr 1948

Bündnis 90/Die Grünen
Gründungsjahr 1980 („Die Grünen")
(1993 Zusammenschluss mit „Bündnis 90")

Die Linke
Gründungsjahr 2007

*Zusammen mit der Schwesterpartei CSU in Bayern bildet die CDU im Deutschen Bundestag eine Fraktionsgemeinschaft.

Deutschland in Europa →

In der Europäischen Union haben sich 28 europäische Länder zusammengeschlossen. Wenn von der EU Gesetze erlassen werden, kann es sein, dass deutsche Gesetze unwirksam werden. Das EU-Parlament befindet sich in Straßburg (Frankreich). In Deutschland und 18 weiteren EU-Ländern gibt es außerdem eine gemeinsame Währung: den Euro. Damit die EU eine starke Gemeinschaft bleibt, müssen die Mitgliedsländer ständig im Kontakt bleiben und gemeinsame Entscheidungen treffen.

Vor dem Europäischen Parlament wehen die Flaggen der EU-Mitgliedsstaaten.

„Die Würde des Menschen ist unantastbar. Sie zu achten und zu schützen ist Verpflichtung aller staatlichen Gewalt."

Artikel 1, Grundgesetz

Mitmachen! ↓

Es gibt viele Möglichkeiten der Bürgerbeteiligung, ohne dass man in einer Partei sein muss. Das reicht von der Gründung eines Bürgerforums, bei dem über die Politik der eigenen Gemeinde diskutiert wird, bis hin zu Demonstrationen. Bei Bürgerinitiativen schließt sich eine Gruppe von Bürgerinnen und Bürgern zusammen, um ein bestimmtes politisches Ziel zu erreichen. Bürgerinitiativen haben z. B. dazu beigetragen, dass die Regierung 2011 den Ausstieg aus der Atomenergie beschlossen hat.

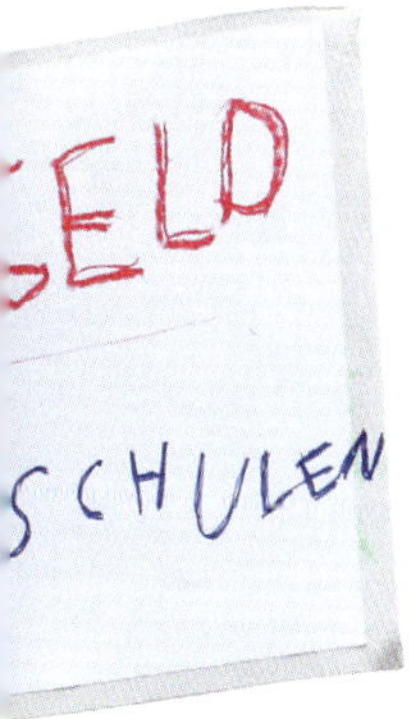

← Die wichtigsten Grundrechte

Im Grundgesetz sind rund 30 Grundrechte festgelegt, die jedem Menschen, der sich in Deutschland aufhält – also auch Menschen aus anderen Ländern –, zustehen. Mit dem Grundrecht auf Menschenwürde ist gemeint, dass kein Mensch wie eine Sache behandelt werden darf, sondern schon allein durch seine Existenz wertvoll ist. Der Gleichheitsgrundsatz besagt, dass niemand bevorzugt oder benachteiligt werden darf. Die Glaubensfreiheit garantiert allen das Recht, an die Religion zu glauben, die sie für richtig halten. Meinungsfreiheit und Pressefreiheit besagen, dass alle ihre Meinung frei und offen sagen dürfen. Diese Meinung darf auch veröffentlicht, also in Zeitungen, Zeitschriften, im Fernsehen und im Internet verbreitet werden.

Schule

Alle Kinder in Deutschland müssen zur Schule gehen. Doch warum eigentlich? Und wer bestimmt, was du lernen sollst? In Deutschland ist das von Bundesland zu Bundesland unterschiedlich geregelt. Neben dem klassischen dreigliedrigen Schulsystem mit Hauptschule, Realschule und Gymnasium etablieren sich immer stärker auch Gesamtschulen oder alternative Schulsysteme. Die Vielfalt des Lernens ist so groß wie nie zuvor.

Was macht ein Kultusminister? ↓

In Deutschland bestimmt jedes Bundesland selbst, was die Schüler in den Schulen lernen sollen. Dazu hat jedes Land einen Kultusminister. Er ist dafür verantwortlich, dass die Schulbildung möglichst alle Bereiche umfasst, die man für das spätere Leben braucht. Die Kultusminister der Bundesländer treffen sich regelmäßig zur Kultusministerkonferenz. Dadurch soll sichergestellt werden, dass alle Kinder in Deutschland eine gleich gute Ausbildung bekommen. Lehrpläne regeln, was genau in welchem Bundesland an den Schulen gelehrt wird.

Die Lehrpläne lassen auch Freiraum zum Experimentieren. In dieser Schule probiert man aus, ob schon Viertklässler mit dem Notebook lernen sollten.

Hättest du gedacht, dass der Brauch der Schultüte bereits über 200 Jahre alt ist?

← Warum Schulpflicht?

Jeder Mensch hat das Recht auf Bildung. In Deutschland gibt es die Schulpflicht, weil jedes Kind die gleichen Chancen haben soll. Deshalb müssen alle Kinder mindestens 9 Jahre zur Schule gehen, damit sie einen Beruf ergreifen und ihre eigenen Rechte wahrnehmen können. Früher war das anders: Schon kleine Kinder mussten in der Landwirtschaft und im Haushalt mitarbeiten und lernten weder Lesen noch Rechnen. Aber auch heute sind Kinder armer Eltern häufig benachteiligt und machen z. B. seltener Abitur.

Typisch für deutsche Schulanfänger ist die große Schultüte. Sie ist gefüllt mit kleinen Geschenken und Süßigkeiten.

Andere Schulformen →

Waldorfschulen und ähnliche Einrichtungen folgen einem alternativen Erziehungsmodell. Kinder sollen hier nicht nur Schulwissen erwerben, sondern auch Ratschläge für das gesellschaftliche Zusammenleben erhalten und eigene Interessen stärker ausleben dürfen. Waldorfschulen legen auch großen Wert auf die Ausbildung handwerklicher Fertigkeiten. Sie orientieren sich an der Lehre des Philosophen Rudolf Steiner.

Sportunterricht in einer Turnhalle

←Nicht nur lernen

Sport ist sehr wichtig und ist in Deutschland deshalb ein Schulfach. Einmal im Jahr finden an deutschen Schulen die Bundesjugendspiele statt, eine Sportveranstaltung, bei der Schüler für gute Leistungen verschiedene Urkunden bekommen. Neben den Schulfächern gibt es die Möglichkeit in Projekt- und Arbeitsgemeinschaften (AGs) aktiv zu werden. Viele Schulen bieten Kunst-, Musik- oder Sprach-AGs an, um die individuellen Interessen der Schüler zu fördern. Wer sich zum Schülersprecher und Klassensprecher wählen lässt, kann zudem Verantwortung für die Mitgestaltung des Schulalltags übernehmen.

Das deutsche Schulsystem→

Ab dem Alter von 6 Jahren gehen deutsche Kinder 4 oder 6 Jahre in die Grundschule. Danach besuchen sie einen von drei weiterführenden Schultypen. Mit einem Hauptschulabschluss oder einem vergleichbaren Abschluss nach der 9. Klasse kann man eine Berufsausbildung machen. Ebenso mit dem Realschulabschluss nach der 10. Klasse. Haupt- und Realschüler mit guten Noten können auch auf eine andere Schulart wechseln, um einen höheren Abschluss zu erreichen. Kinder, die das Gymnasium besuchen, können nach 12 oder 13 Schuljahren das Abitur erwerben. Es ist die Voraussetzung für ein Hochschulstudium. Neben diesen drei Schultypen gibt es in manchen Bundesländern noch Gesamtschulen und Gemeinschaftsschulen. Dort lernen alle Kinder eines Jahrgangs zunächst miteinander und werden erst später, je nach Interessen und Fertigkeiten, in Lerngruppen eingeteilt.

An vielen deutschen Gymnasien veranstalten die Abiturienten an ihrem letzten Schultag einen Abischerz und legen den Schulbetrieb „lahm“.

Schüler einer Dresdener Waldorfschule lernen, wie man schmiedet.

Die Welt in Deutschland

Deutschland ist eines der größten Einwanderungsländer in Europa. Wenn jemand in einem anderen Land geboren wurde und erst später in die Bundesrepublik gezogen ist, dann spricht man von einem „Migrationshintergrund". Viele Migranten bringen aus ihrem Heimatland Sitten und Gebräuche, ihre Musik oder vielleicht Kochrezepte mit. Deutschland wird dadurch noch vielfältiger!

↓Wie viele Migranten leben in Deutschland?

Rund 10 % aller Menschen, die in Deutschland leben, haben eine andere Nationalität. Das sind etwa 9 Mio. Menschen. Sie stammen überwiegend aus der Türkei, aus Italien oder aus Polen. Dazu kommen diejenigen, die eingebürgert wurden: Menschen, die die deutsche Staatsbürgerschaft angenommen haben und nun Deutsche sind. Diese Möglichkeit hat jeder Ausländer, der mindestens 8 Jahre lang rechtmäßig in Deutschland gelebt hat.

Sami Khedira (Sohn einer deutschen Mutter und eines tunesischen Vaters) und Mesut Özil, dessen Eltern eingebürgerte Türken sind, wurden 2014 mit der deutschen Fußball-Nationalmannschaft Weltmeister.

Was bedeutet „Integration"?↓

Die Menschen in Deutschland sollen friedlich miteinander leben und eine Gesellschaft bilden, die für alle gleiche Chancen bietet. Dazu gehört, dass sich auch Eingewanderte zu den Werten des Grundgesetzes bekennen. Dort steht z. B., dass Frauen und Männer gleich behandelt werden müssen. Zur Integration gehört ebenso, dass man die deutsche Sprache spricht. So findet man schneller Arbeit und kann Kontakte mit seinen Mitbürgern knüpfen.

An Integrationssprachkursen können Menschen aller Altersklassen teilnehmen.

Bereicherung→

Der Lieblingsimbiss der Deutschen ist ein türkischer Snack: Döner Kebab. Zum deutschen Stadtbild gehören Asia-Läden, griechische Gemüsehändler sowie italienische Eiscafés – sie alle bereichern den Alltag. Die Menschen aus anderen Ländern kommen auch der Wirtschaft zugute: Deutschland braucht mehr qualifizierte Facharbeiter, als es hervorbringen kann. Die Regierung wirbt daher im Ausland um Menschen, die zu uns ziehen, um mit ihren beruflichen Kenntnissen zum Wohlergehen aller beizutragen.

Viele Migranten empfangen über Satellitenschüsseln heimische Fernsehprogramme.

Der „Karneval der Kulturen" im überwiegend von Migranten geprägten Stadtteil Berlin-Kreuzberg

↑ „Parallelgesellschaft"?

Die meisten Menschen, die aus anderen Ländern zu uns kommen, bemühen sich um ein gutes Zusammenleben mit den Deutschen. In den „multikulturellen" Vierteln der Großstädte klappt das oft gut. Doch diese beliebten Wohngebiete sind in der Regel teuer. Daher landen viele Migranten in Stadtvierteln, wo die Wohnungen billig und oft schlecht instand gesetzt sind. Dort bleiben sie häufig „unter sich". Bei manchen Deutschen kommt da die Angst vor der „Parallelgesellschaft" auf.

Immer wieder gibt es Demonstrationen gegen Fremdenhass.

↑ Fremdenfeindlichkeit

Rassistische Tendenzen gibt es leider überall, auch in Deutschland. Da aber in Deutschland in der NS-Zeit Menschen sogenannten „minderwertigen Rassen" zugeordnet und ermordet wurden, beobachtet man hier solche Strömungen mit besonderer Sorge. Somit trägt jeder Bürger eine Verantwortung: Das Zusammenleben mit anderen Kulturen klappt nur, wenn beide Seiten dazu beitragen.

Geschäft für orientalische Geschenkartikel in Berlin

Islam in Deutschland →

Der Islam ist eine Religion, die in der Türkei, in arabischen Ländern und in Teilen Asiens und Afrikas verbreitet ist. Seine Anhänger nennt man Muslime. Viele Deutsche empfinden den Islam als fremdartig, denn er kam erst vor rund 50 Jahren mit den ersten Einwanderern aus islamischen Staaten nach Deutschland. Das Christentum hingegen hat hier eine jahrtausendealte Geschichte. Heute jedoch gehört der Islam zur deutschen Gesellschaft dazu – das hat der frühere Bundespräsident Christian Wulff bei einer Rede zu seinem Amtsantritt 2010 besonders betont.

Beim „Tag der offenen Moschee" kann jeder etwas über den Islam erfahren.

Deutschland in der Welt

Auswanderer, die von Deutschland ausgehend in fremde Länder reisten, haben viele Traditionen von zu Hause „mitgenommen“ und prägten so auch das Leben in ihrer neuen Heimat. Überall auf der Welt finden sich deutsche Hinterlassenschaften und es ist spannend, nach ihnen zu suchen.

Geflüchtet →

Während der Zeit des Nationalsozialismus 1933–1945 sahen viele Juden und andere, die von den Nationalsozialisten verfolgt wurden (S. 29), nur eine Möglichkeit: die Auswanderung in ein möglichst weit entferntes Land. Viele von ihnen flüchteten in die USA, aber auch nach Südamerika.

Von Deutschland nach Germantown ↓

Vom 17. bis ins 19. Jh. beschlossen viele Deutsche auszuwandern. Die meisten verwendeten ihr mühsam gespartes Geld, um einen Platz auf einem Schiff nach Amerika zu ergattern. Wer es geschafft hatte, ließ sich gern zusammen mit seinen Landsleuten nieder. So gibt es in Amerika Städte mit Namen wie Germantown oder New Berlin. Die deutschen Einwanderer bauten so, wie sie es von zu Hause kannten. Daher stehen mancherorts in den USA oder Südamerika Bauten im altdeutschen Stil.

← Henry Kissinger

Der aus Fürth in Bayern stammende Heinz Alfred Kissinger war von 1973–1977 Außenminister der USA. Als Angehörige des jüdischen Glaubens hatte seine Familie 1938 das nationalsozialistisch regierte Deutschland verlassen und war in die USA emigriert.

Deutsches Bier ↑

In Deutschland gibt es mehr als 1400 Brauereien, die zusammen etwa 5000 verschiedene Biere herstellen. Deutsche Biere werden weltweit wegen ihrer Qualität geschätzt.

Fachwerkhäuser in Blumenau, einer 1850 gegründeten deutschen Siedlung in Brasilien

Auswanderer organisierten Protestaktionen gegen Nazi-Deutschland, wie hier in New York 1938.

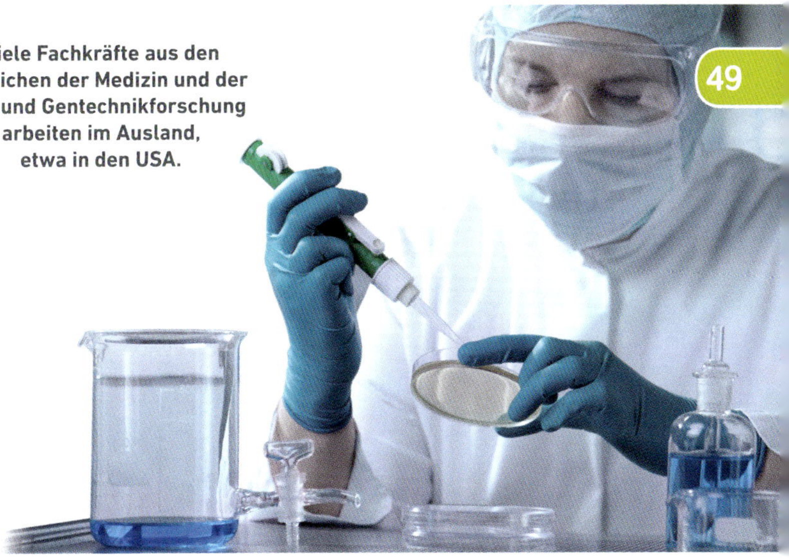

Viele Fachkräfte aus den Bereichen der Medizin und der Bio- und Gentechnikforschung arbeiten im Ausland, etwa in den USA.

Auswanderer heute ↑

Auch heute noch gibt es Menschen, die Deutschland verlassen und in einem anderen Land ihr Glück suchen. Die Gründe dafür sind ganz unterschiedlich. Deutsche, die aus beruflichen Gründen auswandern, gehen häufig in die Schweiz und nach Österreich, aber auch in weit entfernte Länder mit stabiler Wirtschaftslage wie China, Kanada, Australien oder die USA.

2011 erhielt Justin Bieber den deutschen Fernsehpreis „Bambi".

Werbung für Sprachkurse des Goethe-Instituts auf einem Linienbus in Tel Aviv (Israel)

← Deutsche Wurzeln

Einige weltbekannte Stars haben deutsche Vorfahren. Der Popsänger Justin Bieber z. B. hatte einen nach Kanada ausgewanderten deutschen Großvater. Der Großvater der Schauspielerin Sandra Bullock war ein Raketenforscher aus Nürnberg. Der Vater der Schauspielerin Kirsten Dunst war ein nach Amerika ausgewanderter deutscher Arzt. Kirsten Dunst hat inzwischen neben der amerikanischen sogar die deutsche Staatsbürgerschaft angenommen. Und auch die Mutter des Schauspielers Leonardo di Caprio ist eine Deutsche.

Was macht das Goethe-Institut? ↑

Das Goethe-Institut bietet in der ganzen Welt Kurse zum Erlernen der deutschen Sprache an und vermittelt den Lernenden gleichzeitig viele Informationen über Deutschland. Dazu gibt es kulturelle Veranstaltungen wie Lesungen oder Konzerte. Das Institut wurde nach Deutschlands bekanntestem Dichter, Johann Wolfgang von Goethe, benannt. Es unterhält über 159 Zweigstellen in insgesamt 98 Ländern. Diese aufwendige Art der Sprach- und Kulturvermittlung ist weltweit einmalig.

Wirtschaft - made in Germany

Deutschland gehört zu den wichtigsten Wirtschaftsnationen der Welt. Dabei spielen die deutsche Industrie und der Export eine entscheidende Rolle: Deutsche Produkte wie Autos, Maschinen oder chemische Erzeugnisse werden auch im Ausland gern gekauft. Als Rückgrat der deutschen Wirtschaft gilt der Mittelstand, das sind oft Familienunternehmen mit weniger als 500 Angestellten. Die meisten Menschen arbeiten im Bereich Dienstleistungen, etwa in Banken, Hotels oder Krankenhäusern.

Die Anlagen der Firma BASF in Ludwigshafen bilden die größte Chemiefabrikation der Welt.

Soziale Marktwirtschaft↓

In Deutschlands Wirtschaft herrscht freier Wettbewerb. Der Staat greift aber mit Gesetzen ein, die verhindern sollen, dass es zu großen Ungerechtigkeiten kommt. Diese Wirtschaftsform nennt man soziale Marktwirtschaft. Trotz Unterstützung gibt es auch Armut, weil manche Menschen zu wenig verdienen oder arbeitslos sind.

Die deutsche Autoindustrie produziert jährlich etwa 5,8 Mio. Fahrzeuge.

„Made in Germany"→

Den Deutschen wird nachgesagt, sie seien technisch fortschrittlich und arbeiteten gewissenhaft und qualitätsbewusst. Allein die Aufschrift *Made in Germany* ist für viele Menschen ein Kaufargument. Viele wegweisende Technologien wie z. B. moderne Lasertechnik wurden in Deutschland entwickelt. Deshalb ist es wichtig, dass Wissenschaftler, Ingenieure u. a. immer weiter forschen und neue Erfindungen gemacht werden.

Schriftzug *Made in Germany* auf einer Übersee-Frachtkiste

Grüne Technologien↓

Deutschland hat sich hohe Klimaschutzziele gesetzt: Es will bis 2050 die Hälfte des gesamten Energiebedarfs mit erneuerbaren Energien decken. 2011 lag der Anteil erstmals bei 20 %. Deutsche Unternehmen haben sich eine führende Position bei der Entwicklung grüner Technologien erarbeitet. Auch in der Automobilbranche werden verstärkt umweltfreundliche Technologien entwickelt.

Im Bereich der Lasertechnik gehört Deutschland zu den führenden Anbietern.

Dieser Motor eines deutschen Autoherstellers wird im US-Bundesstaat Alabama gefertigt.

Globalisierung ↑

Deutschland gehört zu den Nationen, die die Globalisierung vorantreiben. Globalisierung bedeutet, dass die Entfernung zwischen zwei Handelspartnern oder zwischen den Orten der Produktion und des Verkaufs heute keine große Rolle mehr spielt. So wird manch „deutsches" Auto gar nicht in Deutschland hergestellt, sondern z.B. in den USA.

Der Hamburger Güterbahnhof, ein riesiger Umschlagplatz für Exportgüter aus Deutschland

Wirtschaft im Vergleich ↑

Den Wert der hergestellten Waren und der Arbeit in einem Land nennt man Bruttoinlandsprodukt (BIP). Damit kann man vergleichen, wie erfolgreich ein Land wirtschaftlich ist. Deutschland hat derzeit weltweit das vierthöchste BIP. Auf den Plätzen fünf und sechs der Weltrangliste folgen die europäischen Staaten Großbritannien und Frankreich.

Exportweltmeister ↑

Von 2003 bis 2008 war Deutschland „Exportweltmeister". Das heißt, die hier hergestellten Produkte wurden weltweit so sehr nachgefragt, dass niemand mehr Waren in andere Länder exportierte als Deutschland. Der Wirtschaftserfolg der Bundesrepublik beruht also v.a. auf der ausländischen Nachfrage nach deutschen Maschinen und Konsumgütern. Seit 2009 steht China auf Platz eins.

Solarpark

Literatur, Theater, Film

Als „Land der Dichter und Denker" ist Deutschland eine Buchnation und Heimat vieler großer Dichter – von Goethe und Schiller bis hin zu den Nobelpreisträgern neuerer Zeit. Die größte Buchmesse der Welt findet jedes Jahr in Frankfurt am Main statt. Die deutsche Theaterlandschaft ist sehr vielfältig – auch in kleineren Städten gibt es Schauspielhäuser. Filme aus Deutschland sind Teil der Filmgeschichte und auch immer wieder international erfolgreich.

Land der Bücher →

Etwa 2000 Verlage gibt es in Deutschland. Alljährlich treffen sich über 7200 Verlage aus mehr als 100 Ländern zur Frankfurter Buchmesse – der größten Bücherschau der Welt. Die kleinere Leipziger Buchmesse findet jedes Jahr im Frühjahr statt. Durch Lesungen bekannter Autoren, Diskussionen und Kulturveranstaltungen wird eine Buchmesse stets zu einem wahren Lesefest.

Denkmal für Goethe (links) und Schiller in Weimar

Deutsche Klassiker →

Deutschland hat so viele Dichter und Schriftsteller hervorgebracht, dass man sie kaum aufzählen kann. Unangefochten an der Spitze steht Johann Wolfgang von Goethe (1749–1832). Gemeinsam mit Friedrich Schiller (1759–1805) gehört er zu den Vertretern der Weimarer Klassik, einer literarischen Epoche im 18./19. Jh. Goethe und Schiller waren schon zu Lebzeiten sehr erfolgreich. Ihre Gedichte und Dramen sind Klassiker der Weltliteratur.

Literaturnobelpreis ↓

Der Literaturnobelpreis wird von der schwedischen Akademie der Wissenschaften verliehen und ist die weltweit höchste Auszeichnung für Schriftsteller. Bisher gewannen zehn deutsche Autoren diesen Preis. Von ihnen sind v. a. Günter Grass, Hermann Hesse, Heinrich Böll und Thomas Mann sehr bekannt. Ihre Bücher erreichten ein großes, internationales Publikum und wurden zum Teil verfilmt.

Hermann Hesse (1877–1962)

Thomas Mann (1875–1955)

Heinrich Böll (1917–1985)

Günter Grass (1927–2015)

Herta Müller (geb. 1953)

Stand des DK Verlags auf der Frankfurter Buchmesse

Märchen und Sagen→

Die bekannteste deutsche Legende ist die Nibelungensage. Sie handelt von dem Adelsgeschlecht der Nibelungen, das in Wirklichkeit aber nie existiert hat. Aus dem reichen deutschen Sagenschatz schöpften die Autoren der Deutschen Romantik im 19. Jh. Vor allem Wilhelm Hauff und die Brüder Grimm kombinierten Elemente verschiedener Sagen zu neuen Märchen wie z. B. *Rotkäppchen*, *Dornröschen* oder *Zwerg Nase*.

Buchillustration zu *Rotkäppchen*

Jugendbuch-Klassiker von Cornelia Funke und Karl May

↑Von Max und Moritz bis Tintenherz

Deutsche Kinderbuchklassiker reichen von Wilhelm Buschs (1832–1908) *Max und Moritz* über die *Winnetou*-Abenteuer von Karl May (1842–1912) bis hin zu Otfried Preußlers (1923–2013) *Krabat* oder *Räuber Hotzenplotz*. Die Bücher *Momo* und *Jim Knopf* von Michael Ende (1929–1995) stehen in vielen Kinderzimmern. Jugendbuchautorinnen wie Cornelia Funke (geb. 1958) sorgen dafür, dass den jungen Lesern die Träume nicht ausgehen. Ihr Roman *Tintenherz* wurde weltweit gefeiert.

Filmbegeistert↓

Mit Erfindung des Films entwickelte sich in Deutschland eine ausgeprägte Kinokultur. Im ältesten Filmstudio der Welt in Potsdam Babelsberg drehte Fritz Lang das Stummfilm-Meisterwerk *Metropolis* (1927). Der erste Oscar für einen deutschen Film ging an *Die Blechtrommel* (1979) nach dem Roman von Günter Grass. *Lola rennt* (1998), *Das Leben der Anderen* (2006), der ebenfalls einen Oscar gewann, oder *Toni Erdmann* (2016) sind weitere international erfolgreiche Produktionen aus Deutschland.

Franka Potente in *Lola rennt*

Vorhang auf!↓

Die deutsche Theaterlandschaft ist mit rund 800 Spielstätten besonders vielfältig. Gotthold Ephraim Lessing (1729–1781), der Autor von *Nathan der Weise*, steht am Beginn des deutschen Nationaltheaters. Eines der meistgespielten Stücke an deutschen Theatern ist Goethes *Faust*. Bertolt Brecht (1898–1956), einer der bekanntesten deutschen Dramatiker des 20. Jh., schrieb sozialkritische Stücke, die auch unterhaltend sind. Viele Songs aus seiner *Dreigroschenoper* wurden Welthits. Ein wichtiger moderner Dramatiker ist Heiner Müller (1929–1995). Stücke wie *Die Hamletmaschine* setzen sich kritisch mit der DDR-Vergangenheit auseinander, aber auch mit dem Theater selbst.

Ein Stück von Heiner Müller an der Berliner Volksbühne

Kunst

Von den Malern des Mittelalters bis hin zu den Expressionisten gibt es eine große Bandbreite sehenswerter Kunst aus Deutschland. Die Namen einiger Maler sind weltweit bekannt. Manche von ihnen schlossen sich zu Gruppen zusammen und entwickelten gemeinsam neue Ideen. Sie beeinflussten damit die Kunstszene auch international.

Das Altarbild zeigt keinen „schönen" Jesus, sondern die Grausamkeit der Kreuzigung.

Matthias Grünewald gestaltete den „Isenheimer Altar" zwischen 1506 und 1515.

Jesus ist größer als die umstehenden Personen dargestellt. So hebt Grünewald seine Wichtigkeit hervor.

Mittelalter →

Mittelalterliche Bilder zeigen zwar meist Heiligenlegenden oder Motive aus der Bibel, aber Kleidung oder Häuser sehen aus wie im Mittelalter und geben einen Einblick in das Leben der damaligen Menschen. Bedeutende Künstler dieser Zeit waren Tilman Riemenschneider (um 1460–1531) und Matthias Grünewald (um 1480–um 1528).

Selbstporträt Albrecht Dürers (1498)

↑ Berühmte Maler

Einige deutsche Künstler waren so einflussreich, dass sie mit ihrem Werk die gesamte nachfolgende Kunstgeschichte geprägt haben. Zu diesen Meistern gehört Albrecht Dürer (1471–1528). Er schuf Bilder, die sich bis heute durch ihre wirklichkeitsgetreue Darstellung auszeichnen. Im 19. Jh. eroberten die deutschen Romantiker die Kunstwelt. Caspar David Friedrich (1774–1840) war aus heutiger Sicht der bedeutendste Maler dieser Zeit.

Caspar David Friedrich malte idealisierte Landschaften wie *Der Wanderer über dem Nebelmeer.*

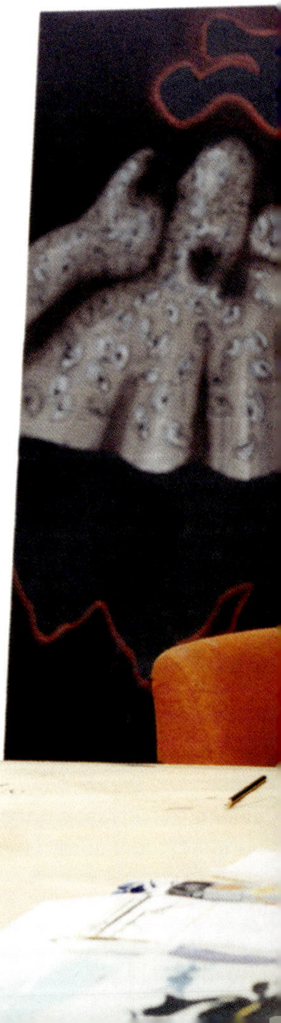

← Expressionismus

Die Expressionisten zu Beginn des 20. Jh. wollten in der Malerei v. a. ihre Gefühle ausdrücken. Deshalb verwendeten sie verzerrte Formen und leuchtende Farben. Für Franz Marc (1880–1916) hatten die verschiedenen Farben bestimmte Bedeutungen. Aus seiner Vorliebe für Blau entstand der Name „Blauer Reiter" – eine Künstlerbewegung, die er mit Wassily Kandinsky (1866–1944) gründete.

Blau symbolisierte das Männliche, Geistige und Herbe.

***Turm der blauen Pferde* von Franz Marc (1913)**

Die schlichte Fassade der Bauhaus-Schule wurde zum Vorbild zahlloser Bauten in der ersten Hälfte des 20. Jh.

Die Brücke →

„Die Brücke" war eine expressionistische Künstlergruppe, die 1905 u. a. von Ernst Ludwig Kirchner (1880–1938) und Karl Schmidt-Rottluff (1884–1976) gegründet wurde. Gemeinsam entwickelten die Brücke-Mitglieder bis 1913 einen für die Gruppe typischen Stil.

Plakat der Dresdener Brücke-Ausstellung 1910

↑ Das „Bauhaus"

1919 gründete der Architekt Walter Gropius (1883–1969) in Dessau das „Staatliche Bauhaus", eine Schule für Architekten und bildende Künstler. Die Bauhaus-Künstler lehnten Schnörkel und unnötige Verzierungen ab. Ein Haus oder ein Gegenstand sollte möglichst funktional, aber trotzdem stilvoll gestaltet sein. Solche Arbeiten wurden nun nicht mehr als „Kunst" begriffen, sondern als „Design". Wie revolutionär das Bauhaus zu seiner Zeit war, merkt man daran, dass wir den Stil heute noch als modern empfinden.

Der Bauhaus-Architekt Mies van der Rohe entwarf auch viele Alltagsgegenstände wie diesen Stuhl.

← Zeitgenössische Kunst

In der zweiten Hälfte des 20. Jh. wurden Künstler experimentell: Joseph Beuys (1921–1986) lud einmal Freunde zu einem Abendessen ein und ließ das schmutzige Geschirr und die Essensreste in Plexiglas einfassen: ein Kunstwerk. Weil viele Menschen Aktionskunst nicht verstanden, entbrannte ein Streit darüber, was Kunst eigentlich sein soll. Jörg Immendorff (1945–2007), Gerhard Richter (geb. 1932) und Neo Rauch (geb. 1960) sind die erfolgreichsten deutschen Künstler der letzten Jahre.

Der Maler und Bildhauer Jörg Immendorff 2004 in seinem Atelier

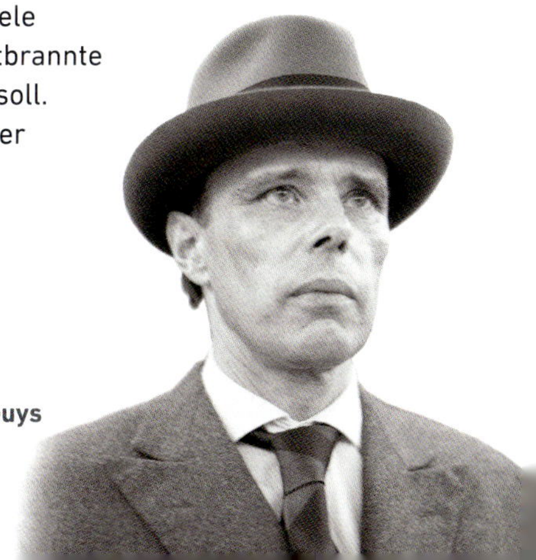

Joseph Beuys

Klassische Musik

Aus Deutschland stammen einige der bekanntesten Komponisten klassischer Musik. Sie haben über Jahrhunderte die Musikentwicklung wesentlich mitbeeinflusst. Heute zählt Deutschland mit der weltweit einmaligen Anzahl von über 130 professionellen Sinfonieorchestern zu den besonders musikbegeisterten Nationen.

↑Jugend musiziert

Wettbewerbe wie „Jugend musiziert" fördern junge Talente. Etwa 20 000 Kinder und Jugendliche nehmen jedes Jahr daran teil. Es gibt verschiedene Kategorien und Altersgruppen, in denen man antreten kann, beispielsweise solche für Solomusiker oder auch für Ensembles. Manche Weltkarriere hat dort ihren Anfang genommen, z. B. die der Geigerin Anne-Sophie Mutter, die heute zu den bekanntesten Solistinnen der Welt gehört.

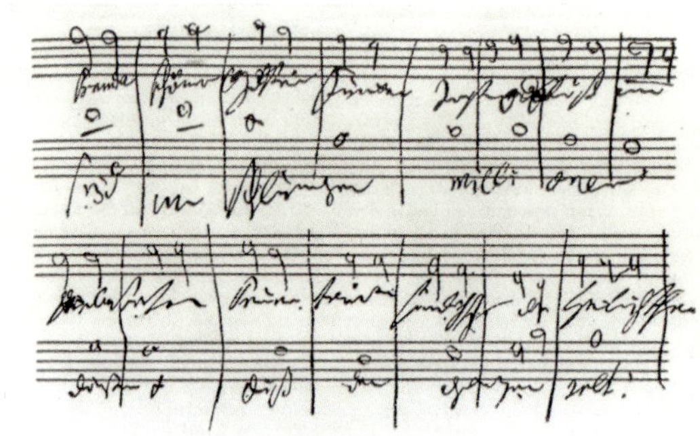

Skizzen Beethovens zum Schlusssatz seiner neunten Sinfonie

Ludwig van Beethoven→

Die Musik Ludwig van Beethovens (1770–1827) ist in Konzertsälen überall auf der Welt zu hören. Besonders populär sind seine Sinfonien, v. a. die fünfte und die neunte. Der Schlusssatz der Neunten ist heute die Hymne der Europäischen Union. Beethoven komponierte das Stück zu dem Text des Gedichts *An die Freude* von Friedrich Schiller (S. 52).

Ludwig van Beethoven

←Hausmusik

Nur in der deutschen Sprache gibt es den Begriff „Hausmusik". Er bezeichnet das gemeinsame Musizieren im Kreis der eigenen Familie. Diese Tradition wird trotz Radio, Fernseher und Computer bis heute in einigen Familien gepflegt, war aber früher noch viel verbreiteter. Denn bevor die Schallplatte um 1900 populär wurde, konnte man Musik nur im Konzert oder in der Kirche genießen – oder man musste sie selbst machen.

Richard Wagner

↑Oper extrem

Jedes Jahr im Juli dreht sich in Bayreuth vier Wochen lang alles um die Musik des Komponisten Richard Wagner (1813–1883). Einige seiner Opern dauern länger als fünf Stunden. Das weltberühmte Festspielhaus hat der Komponist eigens zur Aufführung seiner Werke selbst entworfen. Die Bayreuther Festspiele sind ein gesellschaftliches Großereignis. Die Vorstellungen sind lange im Voraus ausverkauft.

Große Komponisten↓

Bach, Beethoven, Mendelssohn Bartholdy, Schumann, Brahms, Wagner ... das sind nur einige der weltbekannten Komponisten, die in Deutschland geboren wurden. Von ihnen stammen einige der beliebtesten klassischen Stücke überhaupt. V. a. während der Epoche der Romantik (etwa 1820–1900) waren deutsche Musiker das Vorbild für viele andere. Auch einige deutsche Komponisten des 20. Jh. wurden weltberühmt. Neben Paul Hindemith (1895–1963) und Karlheinz Stockhausen (1928–2007) dürfte Hans Werner Henze zu den am meisten aufgeführten Komponisten gehören.

Johann Sebastian Bach (1685–1750)

Felix Mendelssohn Bartholdy (1809–1847)

Johannes Brahms (1833–1897)

Robert Schumann (1810–1856)

Hans Werner Henze (1926–2012)

Rock und Pop

Deutschland ist nach den USA und Japan der drittwichtigste Markt für Popmusik weltweit. Wo man so viel Musik hört, gibt es logischerweise auch viele Bands. Einige davon konnten bis auf den Weltmarkt vorstoßen. Die meisten jüngeren Bands der letzten Jahre blieben jedoch beim bewährten Erfolgsrezept: starke Musik mit deutschen Texten.

Deutsche Rocklegende: Udo Lindenberg

Tamara Danz (1952–1996) war die stimmgewaltige Sängerin der DDR-Band Silly.

← Gesellschaftskritisch

Immer wieder haben deutsche Popmusiker in kritischen Texten aktuelle Ereignisse verarbeitet. Udo Lindenberg thematisierte in seinem Song *Sonderzug nach Pankow* die deutsche Teilung. Nenas international erfolgreicher Hit *99 Luftballons* ist eigentlich ein Antikriegslied. In der DDR mussten Silly, City und Die Puhdys ihre Gesellschaftskritik gleichsam „zwischen den Zeilen" vermitteln. Daraus entstanden häufig besonders kunstvolle, bewegende Liedtexte.

Herbert Grönemeyer spielt in Deutschland in ausverkauften Stadien.

← Erfolgreich

Gemessen am Verkaufserfolg, steht eine Band ganz oben, die in Deutschland selbst nie so populär war wie im Rest der Welt: The Scorpions. Die Hardrocker aus Hannover setzten weltweit über 100 Mio. Platten ab und zählen damit zu den erfolgreichsten Musikern aller Zeiten. Ihr Song *Wind of Change* wurde 1991 zur Zeit der Wende (S. 36–39) zum weltweit meistgespielten Lied. Innerhalb Deutschlands hat der Rockmusiker Herbert Grönemeyer die meisten Platten verkauft: rund 18 Mio. im Zeitraum von 1984 bis 2017.

Tokio Hotel 2007 bei den „MTV European Music Awards"

Die erfolgreichste deutsche Band: The Scorpions

Die bayerische Band LaBrassBanda verpackt Volksmusik in ein modernes Gewand.

Liedermacher→

Ende der 1960er-Jahre entstand eine Liedermacherszene, die mit ihren Texten gesellschaftliche Entwicklungen kritisch kommentierte. Am erfolgreichsten wurde Reinhard Mey, der zu seinem Lied *Über den Wolken* sogar eine englischsprachige Version produzierte. Wolf Biermann lebte in der DDR, wo er wegen seiner kritischen Texte nicht mehr auftreten durfte und schließlich sogar „ausgebürgert" wurde.

Wolf Biermann 1976 bei einem Konzert in der BRD

Eine neue Generation↓

In den letzten Jahren sind viele junge Bands auf den Plan getreten, die die deutsche Pop- und Rockszene aufgemischt haben. Bands wie Silbermond und Juli begeistern mit stimmstarken Frontfrauen. Die Gruppe Tokio Hotel spielte mit ihrem eingängigen Mix aus Pop und Rock viele Jahre auch auf internationalen Bühnen. Aktuell erfolgreich sind z.B. Sportfreunde Stiller, Kraftklub und Mark Forster.

Hip-Hop→

Parallel zum Techno und unter Einfluss von amerikanischer Rapmusik entwickelte sich in den 1990er-Jahren eine deutsche Hip-Hop-Szene. Mit witzigen Texten und lockeren Beats wurden Bands wie Die Fantastischen Vier, Samy Deluxe oder Fettes Brot extrem erfolgreich.

Hip-Hopper: Die Fantastischen Vier

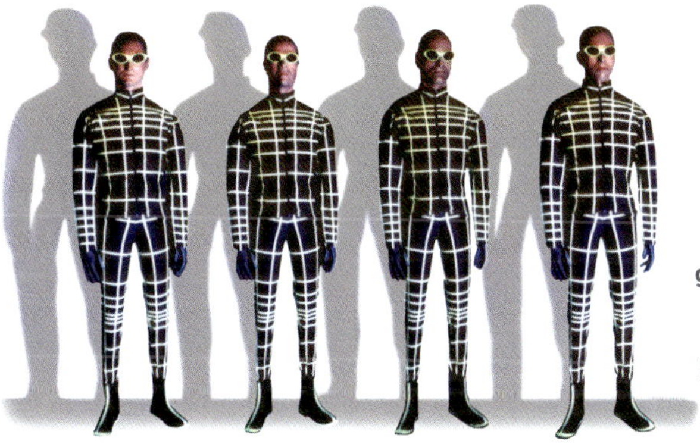

Mit *Wir sind die Roboter* gelang Kraftwerk der weltweite Durchbruch.

Techno↓

Zu Beginn der 1990er-Jahre eroberten DJs wie Marusha, Paul van Dyk und Sven Väth die Tanzflächen. Auf der Berliner Loveparade tanzten Hunderttausende in schrillen Outfits zu Technomusik. Bereits in den 1970ern prägte die deutsche Band Kraftwerk stark die Entwicklung der Elektronischen Musik, dem Vorläufer des Techno.

Paul van Dyk, international bekannter Techno-DJ aus Deutschland

Geniale Köpfe

Deutschland ist ein Land der Tüftler: In kaum einem Land gibt es jedes Jahr so viele Patentanmeldungen. Einige deutsche Wissenschaftler und Erfinder sind mit ihren Leistungen in die Geschichte eingegangen. Im 18. und 19. Jahrhundert waren Deutsche auch als Entdecker unterwegs, vor allem in Afrika und Amerika, aber auch in Australien.

Heinrich Barth

←Geografen

Heinrich Barth (1821–1865) war ein bedeutender Afrikaforscher. Er verkleidete sich als Beduine und gelangte so 1853 als erster Europäer in die für Christen verbotene Wüstenstadt Timbuktu. Er setzte sich für die Unabhängigkeit der nordafrikanischen Völker ein, stieß damit jedoch in Deutschland auf wenig Interesse, denn hier wollte man Afrika als Kolonialgebiet gewinnen. Der Entdecker und Abenteurer Ludwig Leichhardt steuerte viel geografisches Wissen zur Erkundung von Australiens „Outback“ bei. Er starb vermutlich 1848 bei einer Expedition.

Ludwig Leichhardt auf einer Briefmarke der australischen Post

Schallplatte↓

1887 entwickelte Emil Berliner eine flache Scheibe aus Zink, auf der man Musik aufzeichnen konnte: die erste Schallplatte. Das dazugehörige Abspielgerät, das Grammofon, erfand er ebenfalls. Doch erst nachdem Berliner die Tonqualität verbessert hatte, konnte er mit seiner „Deutsche Grammophon-Gesellschaft“ viele Schallplatten verkaufen, die dann aus Schellack hergestellt wurden.

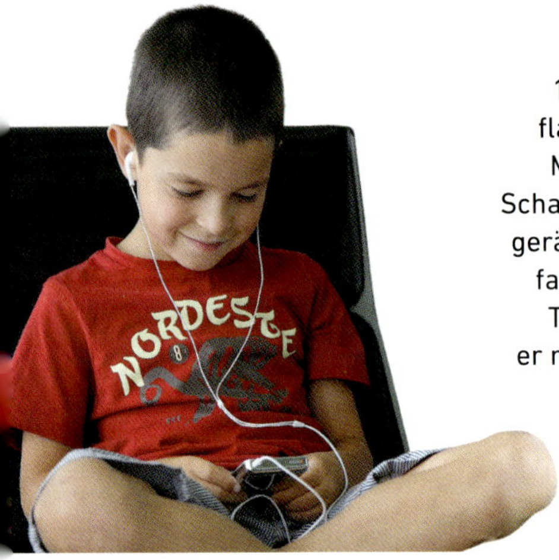

↑MP3

Um 1995 kam der Wunsch auf, Musik statt nur auf CDs auch auf Computerfestplatten speichern zu können. Der Physiker Karlheinz Brandenburg und sein Team entwickelten am Fraunhofer-Institut für elektronische Medientechnologie zusammen mit europäischen und amerikanischen Kollegen das MP3-Dateiformat. Es ist heute der Standard bei der Musikwiedergabe.

Daimler und Benz→

1886 brachten zwei Erfinder die Welt in Bewegung: Karl Benz (1844–1929) aus Mannheim nannte seine Entwicklung „Motorwagen“, während Gottlieb Daimler (1834–1900) sein in Cannstatt entwickeltes Gefährt als „Motorkutsche“ bezeichnete. Damit hatten sie unabhängig voneinander die ersten Autos gebaut.

Das neue Verfahren des Buchdrucks war eine wichtige Grundlage zur Förderung von Lesen und Schreiben.

←Der moderne Buchdruck

Johannes Gutenberg (um 1400–1468) aus Mainz erfand im 15. Jh. den Buchdruck mit beweglichen Lettern: Er entwickelte eine Methode, Buchstaben rasch und einfach aus Metall herzustellen. Diese „beweglichen Lettern“ konnte man immer wieder zu anderen Wörtern zusammensetzen. Das Verfahren machte es möglich, Bücher schnell und kostengünstig in hohen Stückzahlen herzustellen. So konnten weite Teile der Bevölkerung erstmals Bücher kaufen.

Universalgenie →

Alexander von Humboldt (1769–1859) war einer der bedeutendsten Naturforscher des 18. und 19. Jh. und Mitbegründer der Geografie. Seine Reisen führten ihn u. a. nach Amerika und Russland. Er vermaß Berge, beschrieb Tausende Tier- und Pflanzenarten, entdeckte den magnetischen Äquator und bereicherte viele Wissenschaftszweige mit seinen Forschungsergebnissen. Schon zu Lebzeiten galt er als Universalgenie und wurde „zweiter Kolumbus" genannt.

Humboldt mit seinem französischen Reisegefährten Aimé Bonpland in Venezuela

Karl Benz' Motorwagen

Blick in den Körper ↓

Ende des 19. Jh. entdeckte Wilhelm Conrad Röntgen (1845–1923) die Röntgenstrahlung, die etwas Unglaubliches ermöglichte: Man konnte nun den Körper des Patienten „durchleuchten" und innere Krankheiten und Verletzungen sicher diagnostizieren. Röntgen erhielt dafür 1901 als Erster einen Nobelpreis für Physik.

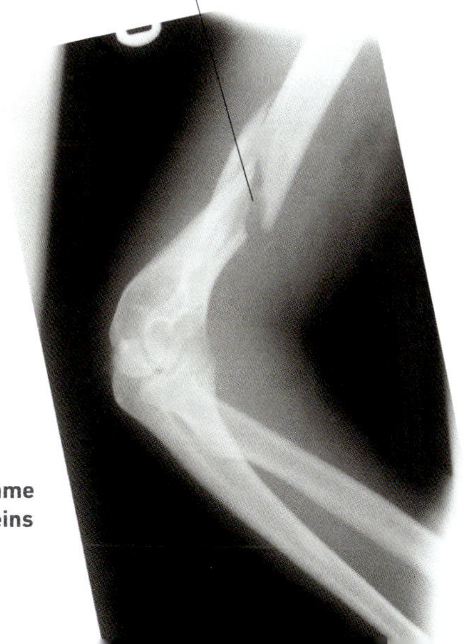

Hier ist das Bein gebrochen.

Röntgenaufnahme eines Hundebeins

Wilhelm Conrad Röntgen

Dieser Junge wird auf Tuberkulose untersucht.

Noch wusste man nicht, dass Röntgenstrahlen auch gefährlich sein können. Niemand auf diesem Bild trägt Schutzkleidung.

Sport

Deutschland ist eine Fußballnation. Die Fußballnationalmannschaft der Männer konnte bereits viermal den Weltmeistertitel erringen, die Frauenfußballerinnen zweimal. Doch Sport ist in Deutschland sehr vielfältig: Es gibt eine lange und erfolgreiche Leichtathletiktradition und auch die deutschen Wintersportler erzielen oft große Erfolge.

← DDR-Sport

Als Deutschland noch geteilt war, gehörten die Sportler der DDR in der Leichtathletik, im Schwimmen und in einigen Wintersportdisziplinen zu den besten der Welt. Das lag u. a. daran, dass die DDR riesige Summen in die Förderung des Sports investierte. Die erfolgreichen Sportler sollten gleichzeitig auch Staat und Gesellschaft in ein gutes Licht rücken. Weltweit bekannt war die Eiskunstläuferin Katharina Witt. Sie begeisterte das Publikum in den 1980er-Jahren mit sportlichen Höchstleistungen und einer künstlerischen Darbietung.

Sommermärchen ↓

1954 gewann die deutsche Fußballnationalmannschaft überraschend das Endspiel der Weltmeisterschaft in der Schweiz, in ganz Deutschland bekannt als das *Wunder von Bern.* 1974 und 1990 schaffte es die Nationalmannschaft erneut Weltmeister zu werden. Obwohl Deutschland 2006 bei der WM im eigenen Land nur den dritten Platz erreichte, wird diese WM wegen der tollen Stimmung als Sommermärchen bezeichnet. 2014 in Rio de Janeiro konnte die Nationalmannschaft den WM-Pokal schließlich zum vierten Mal in die Höhe strecken.

Fußballfans beim Public Viewing

In Deutschland gibt es über 90 000 Sportvereine.

Mit über 270 000 Mitgliedern ist der FC Bayern München der größte Sportverein der Welt.

↑ Vereinssport

Etwa 9,5 Mio. Kinder und Jugendliche treiben in Deutschland Sport im Verein. Ob Fußball, Eishockey, Leichtathletik oder Schwimmen – Sport ist in Deutschland traditionell in Vereinen organisiert. Doch ohne die vielen ehrenamtlichen Helfer, die in ihrer Freizeit Mannschaften trainieren oder Vereinsfeste organisieren, wäre dieses große Angebot nicht möglich.

Steffi Graf und Boris Becker

Sebastian Vettel und Michael Schumacher

Sportstars ↓↑

Der wohl international bekannteste deutsche Fußballer ist Franz Beckenbauer. Steffi Graf und Boris Becker gingen als Tennisspieler in die Sportgeschichte ein: Graf gewann als bisher Einzige alle Grand-Slam-Turniere und die Olympischen Spiele in einem Jahr – Becker ist bis heute jüngster Wimbledon-Sieger. Franziska van Almsick knackte mehrere Schwimm-Weltrekorde. Formel-1-Pilot Michael Schumacher gewann sieben Weltmeistertitel. Sein Kollege Sebastian Vettel wurde zwischen 2010 und 2013 viermal in Folge Weltmeister.

Franziska van Almsick

Franz Beckenbauer

Dirk Nowitzki gehört zu den Stars der nordamerikanischen Basketball-Liga NBA.

Nicht nur Fußball →

Nach Fußball ist Handball die beliebteste Sportart in Deutschland. Die deutsche Handballnationalmannschaft zählt mit acht Weltmeistertiteln weltweit zu den erfolgreichsten. Auch im Wintersport feiern deutsche Athleten große Erfolge, besonders beim Skispringen und im Biathlon.

Reitsport ist in Deutschland sehr beliebt.

Springreiter Christian Ahlmann auf Taloubet Z

Magdalena Neuner ist die erfolgreichste deutsche Biathletin aller Zeiten.

Chronik

Deutschland als Land in der Mitte Europas war schon früh besiedelt. Fruchtbare Böden und eine günstige Lage zwischen Nord-/Ostseeraum und Alpen machten es zu einem strategisch wichtigen Gebiet. Immer wieder stritten verschiedene Völker um die Vormachtstellung in der Region. Erst mit dem Ende des Zweiten Weltkriegs kehrte mehr „Ruhe" in die deutsche Geschichte ein.

vor 700 000 Jahren
Die ersten Frühmenschen siedeln auf dem Gebiet des heutigen Deutschland: *Homo heidelbergensis* und *Homo neanderthalensis.*

um 4000 v. Chr.
Germanische Stämme beginnen, sich dauerhaft anzusiedeln.

50 v. Chr.
Die Römer erobern Teile West- und Südwestdeutschlands.

9 n. Chr.
Die Varusschlacht verhindert die weitere Expansion der römischen Besatzung nach Norden und Osten.

1.–3. Jh. n. Chr.
Die Römer errichten den Limes, einen Grenzwall, mit dem sie sich vor den umgebenden barbarischen Stämmen schützen wollen.

Rekonstruktion eines römischen Wachturms entlang des Limes

ab 375
Die Hunnen fallen über germanische Stämme her. Es ist der Beginn der Völkerwanderung, die das Ende des römischen Imperiums einläutet.

768–814
Zeit Karls des Großen. Der Frankenkönig verbündet sich mit dem Papst und lässt sich im Jahr 800 in Rom zum Kaiser krönen. Weil er sich als Nachfolger der antiken römischen Kaiser versteht, nennt er sein Herrschaftsgebiet „Heiliges Römisches Reich".

951–973
Zeit Ottos des Großen. 955 besiegt Otto die Ungarn bei der Schlacht auf dem Lechfeld und leitet anschließend als Kaiser eine Einigung des zuvor wieder zerfallenen Reichs ein. Die Schlacht gilt als Geburtsstunde der deutschen Nation.

1138–1268
Die Adelsfamilie der Staufer regiert das Heilige Römische Reich. Friedrich I. (Barbarossa) eint das Reich trotz zahlreicher Widerstände.

1438–1806
Das Herrschergeschlecht der Habsburger stellt fast ununterbrochen die Kaiser im Heiligen Römischen Reich.

1455
Gutenberg-Bibel: erster Buchdruck in Europa auf einer Presse mit beweglichen Lettern.

1517
Martin Luther veröffentlicht seine Thesen in Wittenberg. Es ist der Beginn der Reformation.

1524–1525
Bauernkriege.

1618–1648
Dreißigjähriger Krieg. Er endet 1648 mit dem „Westfälischen Frieden" und hinterlässt einen unüberschaubaren „Flickenteppich" aus kleinen Regierungsbezirken auf deutschem Boden.

1740–1786
Unter Friedrich II. („der Große") entwickelt sich Preußen zur europäischen Großmacht. Intensive Förderung von Wissenschaft und Kunst.

1756–1763
Der Siebenjährige Krieg besiegelt die Vormachtstellung Preußens in Europa.

1806
Ende des Heiligen Römischen Reichs nach über 1000 Jahren: Nach der Niederlage gegen Napoleon Bonaparte legt der Habsburger Kaiser Franz II. die Krone nieder.

1813
Die deutschen Staaten kämpfen in den „Befreiungskriegen" gegen Napoleon. Bei der Völkerschlacht 1813 bei Leipzig wird er besiegt.

1814–1815
Wiener Kongress. Nach der Niederschlagung Napoleons wird halb Europa neu geordnet. Deutschland bleibt ein Gebiet vieler Kleinstaaten und ist mit Österreich im „Deutschen Bund" zusammengefasst.

1848
Märzrevolution.

1861–1888
Zeit König Wilhelms I. von Preußen mit Fürst Bismarck als Ministerpräsident (ab 1862), Bundeskanzler und später Reichskanzler.

1867
Gründung des Norddeutschen Bunds unter Führung Preußens.

Völkerschlachtdenkmal in Leipzig

Blick auf Schloss Sanssouci in Potsdam

1870/1871
Deutsch-französischer Krieg. Gründung des Deutschen Kaiserreichs, dem ersten einheitlichen deutschen Staat. König Wilhelm wird zum Kaiser ernannt.

1871–1918
Das Deutsche Kaiserreich erobert bzw. erwirbt Kolonien in Afrika, in der Südsee sowie China. Die Verwaltung führt ein hartes Regiment, zahlreiche Aufstände werden brutal niedergeschlagen. Die Kolonialzeit endet mit dem Ersten Weltkrieg.

1888–1918
Zeit Kaiser Wilhelms II. Er betreibt eine massive Rüstungspolitik, entlässt 1890 Bismarck und führt Deutschland in den Ersten Weltkrieg.

1914–1918
Erster Weltkrieg.

1918–1933
Weimarer Republik. Durch die harten Friedensbedingungen von Versailles und Weltwirtschaftskrisen gewinnen extreme politische Kräfte wie die Nationalsozialisten an Einfluss. Gleichzeitig eine Zeit technischer Entwicklungen und kultureller Umwälzungen: Neue Medien wie Radio und Film entwickeln sich.

1919
Einführung des Frauenwahlrechts in Deutschland.

1933–1945
„Drittes Reich": Zeit des Nationalsozialismus mit Adolf Hitler als Diktator.

1939–1945
Deutschland beginnt den Zweiten Weltkrieg, in dessen Verlauf Millionen Soldaten und Zivilisten getötet werden. Die Nationalsozialisten töten in dieser Zeit mindestens 6 Mio. Juden in Vernichtungslagern und auch während des Vorrückens der Armee nach Osten.

1945
Deutschland wird in vier Besatzungszonen aufgeteilt. Berlin erhält einen Sonderstatus und wird ebenfalls in vier Sektoren eingeteilt.

1948
Blockade Westberlins durch die Sowjetunion.

1949
Gründung der demokratisch-westlichen Bundesrepublik Deutschland (BRD) am 23. Mai.

1949
Gründung der sozialistischen, von der Sowjetunion abhängigen Deutschen Demokratischen Republik (DDR) am 7. Oktober.

1950–etwa 1965
Zeit des „Wirtschaftswunders" in der BRD. Weil es nicht genug Arbeitskräfte im Land gibt, werden ab 1960 „Gastarbeiter" angeworben.

1953
Volksaufstand vom 17. Juni in der DDR.

1961
In der Nacht vom 12. auf den 13. August wird die Berliner Mauer errichtet.

Italienische Gastarbeiter treffen in Wolfsburg ein (1962).

1968
Die „68er"-Bewegung entsteht in Westdeutschland: Studentenunruhen in den Universitätsstädten der BRD.

1970
Gründung der linksradikalen Terrororganisation „Rote Armee Fraktion" (RAF), die die BRD bis 1998 mit Terroranschlägen und Attentaten heimsucht.

1972
Olympische Spiele in München. Die Veranstaltung wird überschattet von einer Geiselnahme und einem Attentat im olympischen Dorf durch die palästinensische Terrororganisation „Schwarzer September".

1973
Plötzliche Verteuerung der Rohölpreise führt zur sogenannten Ölkrise. Infolgedessen: vier autofreie Sonntage.

Euro-Münzen und -Geldscheine

1989
Die DDR öffnet ihre Grenzen infolge der Montagsdemonstrationen.

1990
Deutsche Wiedervereinigung am 3. Oktober.

2002
Einführung des Euro als Bargeld in Deutschland.

2003–2005
Umsetzung des Regierungsprogramms „Agenda 2010", das Deutschland bessere Wettbewerbsbedingungen in der Europäischen Union und weltweit verschaffen soll. Das Programm führt zur Kürzung vieler Sozialleistungen und zur Erhöhung des Renteneintrittsalters. Es erntet viel Kritik in der Bevölkerung.

2003–2008
Deutschlands Wirtschaft ist die exportstärkste der Welt.

2005
Angela Merkel wird die erste Bundeskanzlerin der Bundesrepublik Deutschland.

seit 2008
Weltweite Wirtschaftskrise trifft Deutschland, v. a. aber die Staaten Europas.

2012
Bundespräsident Christian Wulff tritt zurück. Erstmals wird gegen einen Bundespräsidenten staatsanwaltlich ermittelt.

2014
Deutschland wird in Brasilien zum 4. Mal Fußballweltmeister.

2015
Europaweite Flüchtlingskrise: Deutschland nimmt Hunderttausende Bürgerkriegsflüchtlinge u.a. aus Syrien auf.

2016
Am 19. Dezember sterben bei einem Anschlag auf einen Berliner Weihnachtsmarkt 12 Menschen, 56 werden verletzt.

Berühmte Deutsche

Ob in Literatur, Kunst, Politik, Wirtschaft oder Wissenschaft – Deutsche Frauen und Männer haben sich in den verschiedensten Bereichen und Epochen hervorgetan. Einige, die bisher noch nicht genannt wurden, sollen hier gewürdigt werden.

Brehm, Alfred (1829–1884)
Der Naturforscher und Zoologe wurde mit dem Tierlexikon *Brehms Tierleben* weltbekannt. Darin beschreibt er die Tiere nicht nur wissenschaftlich, sondern auch ihr Verhalten.

Loriot mit zwei seiner Trickfilmfiguren

Bülow, Vicco von („Loriot") (1923–2011)
Als Schriftsteller, Karikaturist, Schauspieler und Regisseur beschäftigte sich Loriot mit komischen alltäglichen Situationen, die er so übertrieben witzig darstellte, dass die ganze Nation darüber lachen konnte. Auch seine Trickfilmfiguren „Wum und Wendelin" oder „Herr Dr. Kloebner" und „Herr Müller-Lüdenscheid" wurden sehr populär.

Busch, Wilhelm (1832–1908)
Wilhelm Busch war ein humoristischer Dichter und Zeichner. Er schrieb lustige Gedichte und Geschichten, die er selbst bebilderte, u. a. die Bildergeschichte von Max und Moritz.

Max und Moritz

Droste-Hülshoff, Annette von (1797–1848)
Die Schriftstellerin stammt aus einer westfälischen Adelsfamilie. Obwohl es zu ihrer Zeit als Frau nicht üblich war, veröffentlichte sie Gedichte und gilt heute als bedeutendste deutsche Dichterin des 19. Jh. Sehr bekannt wurden die Ballade *Der Knabe im Moor* und die Novelle *Die Judenbuche*.

Einstein, Albert (1879–1955)
Mit der Relativitätstheorie krempelte der Physiker Albert Einstein 1905 das naturwissenschaftliche Weltbild um. Er wurde durch seine Forschungen zu den Themen Raum, Zeit, Schwerkraft und Licht zum vielleicht bedeutendsten Physiker aller Zeiten. Fast alle jüngeren physikalischen Entwicklungen fußen auf Einsteins Theorien.

Friedrich II. („der Große") (1712–1786)
König von Preußen, der sein Königreich vom rückständigen Militärstaat zu einer Großmacht von gesamteuropäischer Bedeutung entwickelte, in der Religionsfreiheit herrschte. Unter seiner Herrschaft erblühten Kunst und Kultur und die Ideen der Aufklärung fanden Verbreitung. Der König selbst war ein hervorragender Flötist. Spätestens nach dem Sieg Preußens im „Siebenjährigen Krieg" (1756–1763) wurde er ehrfurchtsvoll „der Große" genannt.

Fugger, Jakob (1459–1525)
Die Fugger waren eine mächtige Kaufmannsfamilie im Mittelalter. Jakob Fugger („der Reiche") war zu seiner Zeit der wichtigste Unternehmer und Bankier in Europa und hatte ein riesiges Vermögen. Er handelte mit Baumwolle und Kupfer, lieh Kirche und Königen Geld und gründete die Fuggerei, eine Wohnsiedlung für Arme.

Gauß, Carl Friedrich (1777–1855)
Erfolge feierte der Mathematiker bei der Landvermessung, die er durch Erfindung neuer Geräte und neuer Berechnungsgrundlagen zu vorher nicht gekannter Genauigkeit führte. Ein Porträt des Forschers zierte viele Jahre den 10-DM-Geldschein.

Händel, Georg Friedrich (1685–1759)
Einer der wichtigsten Komponisten der Barockzeit, der viel reiste und zum englischen Hofkomponisten aufstieg. Bis heute sind viele Briten überrascht zu hören, dass Händel (der in Großbritannien George Frideric Handel geschrieben wird) Deutscher war.

Herbig, Michael „Bully" (geb. 1968)
Comedian, der mit der Comedyshow *Bullyparade* Ende der 1990er-Jahre bekannt wurde. Der Kinofilm *Der Schuh des Manitu* wurde zum kommerziell erfolgreichsten deutschsprachigen Film aller Zeiten. Weitere Filme sind z. B. *(T)Raumschiff Surprise* oder *Wickie und die starken Männer*.

Hildegard von Bingen (1098–1179)
Nonne im Mittelalter. Als erste Nonne predigte sie öffentlich auf Marktplätzen und wurde sogar Äbtissin (Leiterin eines Klosters). Sie komponierte aber auch Kirchengesänge und schrieb Bücher über Heilkunde – manch ein Rezept von ihr wird heute noch verwendet.

Jahn, Friedrich Ludwig (1778–1852)
Gründete die Turnbewegung und ist als „Turnvater Jahn" bekannt. 1811 eröffnete Jahn den ersten öffentlichen Sportplatz.

Jähn, Sigmund (geb. 1937)
Erster Deutscher im Weltraum. 1978 startete Jähn als Angehöriger einer sowjetischen Weltraummission zur russischen Raumstation Saljut, wo er sieben Tage blieb und 125-mal um die Erde kreiste. Die DDR feierte Jähns Reise ins All – denn von der BRD war vorher noch nie ein Astronaut ins Weltall geflogen.

Kant, Immanuel (1724–1804)
Niemand soll anderen Menschen etwas antun, was er selbst nicht erleiden möchte: Das ist ein berühmter Grundsatz des Philosophen Kant. Er fragte sich auch, was unsere Vernunft kann und was Erfahrungen sind. Mit seinen Ideen begründete er die Epoche der Aufklärung: Mit ihm begann die moderne Philosophie.

Kästner, Erich (1899–1974)
Schriftsteller, der so spannende Bücher wie *Emil und die Detektive*, *Das doppelte Lottchen* oder *Das fliegende Klassenzimmer* schrieb. Doch er verfasste auch satirische und gesellschaftskritische Romane und Gedichte.

Erich Kästners *Emil und die Detektive*

Kepler, Johannes (1571–1630)
Einerseits war Kepler Naturwissenschaftler – Astronom, Mathematiker und Optiker, andererseits aber auch Theologe, Philosoph und Astrologe. Er entwickelte ein Fernrohr, mit dem bessere Sternbeobachtungen möglich waren als je zuvor, und berechnete mehrere Umlaufbahnen von Planeten um die Sonne.

Koch, Robert (1843–1910)
Dem Mediziner gelang es, Bakterien mit Farbstoffen sichtbar zu machen, und er entdeckte die Erreger von Krankheiten wie Tuberkulose und Cholera. Dafür erhielt er 1905 den Nobelpreis für Medizin.

Otto Lilienthal mit einem seiner Fluggeräte

Lilienthal, Otto (1848–1896)
Der deutsche Luftfahrtpionier wollte den Menschheitstraum vom Fliegen verwirklichen und untersuchte daher intensiv den Flug von Vögeln, bevor er seine ersten Fluggeräte baute. Ihm gelangen die ersten Gleitflüge. Seine Arbeit inspirierte die Brüder Wright das erste Flugzeug zu bauen.

Märklin, Theodor Friedrich Wilhelm (1817–1866)
Der Unternehmer Märklin gründete 1859 eine Spielzeugfirma, in der er Spielsachen wie Puppenhäuser herstellte, die seine Frau Caroline in ganz Europa verkaufte. Doch erst mit seinen Modelleisenbahnen wurde das Unternehmen weltweit bekannt und erfolgreich.

Märklin-Lokomotive aus dem Jahr 1902

Marx, Karl (1818–1883)
Philosoph, der (mit Friedrich Engels) als Mitbegründer des Kommunismus gilt. Die Idee des Kommunismus ist, dass es kein Privateigentum geben soll, sondern alle Güter allen Menschen zu gleichen Teilen zur Verfügung stehen sollten. Revolutionäre wie der Russe Lenin, der Chinese Mao oder der Kubaner Castro griffen Marx' Theorien auf und entwickelten sie weiter.

Müller, Gerd (geb. 1945)
Der Fußballspieler, auch „Bomber der Nation" genannt, hält viele Rekorde und gilt als bester männlicher Stürmer aller Zeiten.

Nietzsche, Friedrich (1844–1900)
Philosoph, der wertvolle Denkanstöße lieferte: Die Menschen sollten übertriebene Moralvorstellungen oder Autorität infrage stellen, um zu einer eigenen Weltsicht zu gelangen. Erst nach seinem Tod fanden seine Gedanken weltweit Anerkennung.

Preußler, Otfried (1923–2013)
Schriftsteller, der bekannte Bücher wie *Die kleine Hexe*, *Krabat*, *Der Räuber Hotzenplotz* oder *Das kleine Gespenst* schrieb. Er zählt zu den beliebtesten Kinderbuchautoren Europas.

Ratzinger, Joseph (Papst Benedikt XVI.) (geb. 1927)
Als erster Deutscher seit knapp 500 Jahren wurde Kardinal Ratzinger 2005 zum Papst gewählt. Im Februar 2013 trat er aus gesundheitlichen Gründen zurück. Damit ist er nach Coelestin V., der 1294 sein Amt niedergelegt hatte, erst der zweite Papst, der nicht durch den Tod aus dem Amt schied.

Schliemann, Heinrich (1822–1890)
Er ging als Archäologe in die Geschichte ein, der die Ruinen des antiken Troja und den „Schatz des Priamos" fand. Bedeutende Ausgrabungen machte Schliemann auch in Mykene (Griechenland).

Schmeling, Max (1905–2005)
Der Boxer war von 1930–1932 Weltmeister im Schwergewicht. Er war einer der bekanntesten und beliebtesten Sportler Deutschlands. Ein Boxfilm weckte sein Interesse für den Boxsport.

Schumann, Clara (1819–1896)
Sie war eine hervorragende Pianistin, die aber auch als Komponistin berühmt wurde. Ihr Vater war Theologe und sehr musikinteressiert. Er wollte seine Tochter als Pianistin bekannt machen und sorgte dafür, dass sie Kompositionsunterricht bekam – das war für Mädchen damals sehr selten. Schon mit 10 Jahren gab sie ihr erstes Konzert. Später heiratete sie den Komponisten Robert Schumann.

Schweitzer, Albert (1875–1965)
Der Arzt, Theologe, Philosoph und Organist gründete im ostafrikanischen Gabun ein Krankenhaus. Seine Ehrfurcht vor allem Leben und sein Einsatz für Frieden und Nächstenliebe machten ihn berühmt – und zum Friedensnobelpreisträger.

Siemens, Werner von (1816–1892)
Obwohl Werner von Siemens nie ein geregeltes Studium absolvierte, war ein Genie der Elektrotechnik. In Verbindung mit großem kaufmännischen Geschick baute er eine der wichtigsten Elektronikfirmen Deutschlands auf, die heute zu den größten Unternehmen weltweit zählt.

Storm, Theodor (1817–1888)
Norddeutscher Schriftsteller, der Märchen wie *Der kleine Häwelmann* und auch bedeutende Novellen wie *Der Schimmelreiter* geschrieben hat. Storm war Jurist und schrieb nur in seiner Freizeit.

Störtebeker, Klaus (1360–1401)
Seeräuber und Anführer der Vitalienbrüder, der im Mittelalter in Nord- und Ostsee sein Unwesen trieb und von der Hanse gejagt wurde. Um sein Leben ranken sich viele Legenden.

Strauss, Levi (1829–1902)
Löb Strauß (in Amerika: Levi Strauss) wanderte im 19. Jh. in die USA aus. Unter den Goldgräbern in der Region um San Francisco war robuste Kleidung gefragt, und so entwickelte Strauss die Jeans. Bald war sie überall bekannt als „Levi's Hose". Später wurde daraus der Markenname „Levis".

Wolf, Christa (1929–2011)
Schriftstellerin, die ihre Laufbahn in der DDR begann, wo sie aktiv als Politikerin die Regierungspartei SED unterstützte. Sie lehnte sich aber auch immer wieder gegen Ungerechtigkeiten auf, die in der DDR begangen wurden. In ihrem Roman *Der geteilte Himmel* geht es um ein Liebespaar und die Probleme der deutschen Teilung.

Zeppelin, Ferdinand Graf von (1838–1917)
Ab 1908 gehörten die von Ferdinand von Zeppelin entwickelten Zeppeline (auch „Luftschiffe" genannt) zum festen Bestand aller Luftfahrtgesellschaften. Im Ersten Weltkrieg waren sie eine wichtige Waffe und wurden als Bomber eingesetzt. Mit der Katastrophe der *Hindenburg* 1937 fand die Blüte der Luftschifffahrt ein Ende. Heute sind Zeppeline nur noch als Werbeträger oder Touristenattraktion im Einsatz.

Zetkin, Clara (1857–1933)
Sozialistische Politikerin, die besonders für ihr Engagement für Frauenrechte bekannt wurde: Frauen sollten auch an politischen Wahlen teilnehmen und alle Berufe ausüben dürfen, die bis dahin nur Männern offenstanden.

Zuse, Konrad (1910–1995)
Der Tüftler und Erfinder baute mit dem Z3 den ersten automatischen und programmierbaren Rechner der Welt und entwickelte somit den Computer. Der Z3 war so groß wie zwei Telefonzellen und gilt als Vorläufer des modernen Computers.

Gut zu wissen

Bundeskanzler

Konrad Adenauer (CDU) im Amt: 1949–1963
Ludwig Erhard (CDU), im Amt: 1963–1966
Kurt Georg Kiesinger (CDU), im Amt: 1966–1969
Willy Brandt (SPD), im Amt: 1969–1974
Helmut Schmidt (SPD), im Amt: 1974–1982
Helmut Kohl (CDU), im Amt: 1982–1998
Gerhard Schröder (SPD), im Amt: 1998–2005
Angela Merkel (CDU), im Amt: seit 2005

Bundespräsidenten

Theodor Heuss (FDP), im Amt: 1949–1959
Heinrich Lübke (CDU), im Amt: 1959–1969
Gustav Heinemann (SPD), im Amt: 1969–1974
Walter Scheel (FDP), im Amt: 1974–1979
Karl Carstens (CDU), im Amt: 1979–1984
Richard v. Weizsäcker (CDU), im Amt: 1984–1994
Roman Herzog (CDU), im Amt: 1994–1999
Johannes Rau (SPD), im Amt: 1999–2004
Horst Köhler (CDU), im Amt: 2004–2010
Christian Wulff (CDU), im Amt: 2010–2012
Joachim Gauck (parteilos), im Amt: 2012–2017
Frank-Walter Steinmeier (SPD), im Amt: seit 2017

Bundesländer

Bundesland	Fläche (in km²)	Einwohner (in Mio.)	Hauptstadt
Baden-Württemberg	35 752	10,9	Stuttgart
Bayern	70 549	12,8	München
Berlin	892	3,5	–
Brandenburg	29 477	2,5	Potsdam
Bremen	404	0,7	–
Hamburg	755	1,9	–
Hessen	21 115	6,2	Wiesbaden
Mecklenburg-Vorpommern	23 174	1,6	Schwerin
Niedersachsen	47 618	7,9	Hannover
Nordrhein-Westfalen	34 084	17,9	Düsseldorf
Rheinland-Pfalz	19 847	4,1	Mainz
Saarland	2569	1,0	Saarbrücken
Sachsen	18 414	4,1	Dresden
Sachsen-Anhalt	20 445	2,2	Magdeburg
Schleswig-Holstein	15 763	2,9	Kiel
Thüringen	16 172	2,2	Erfurt

Interessante Fakten

Burganlage zu Burghausen

- Mit einer Länge von 1,05 km ist die Burg zu Burghausen die längste Burganlage der Welt. Sie liegt auf einem ungewöhnlich schmalen, dafür aber sehr langen Bergplateau.

- Der Brocken ist der höchste Berg von Norddeutschlands größtem Mittelgebirge, dem Harz. Als „Blocksberg" war er seit eh und je als Versammlungsort der Hexen und Geister während der Walpurgisnacht verrufen.

- Zwei Ortschaften streiten darum, wer den schiefsten Turm Deutschlands hat. Der Kirchturm von Bad Frankenhausen in Thüringen steht auf weichem Untergrund und ist daher um 4,76 ° geneigt. Der Kirchturm im ostfriesischen Suurhusen ist bereits um 5,19 ° geneigt. Damit sind beide Türme „schräger" als der berühmte Schiefe Turm von Pisa in Italien.

- Nach dem Zweiten Weltkrieg wurde die stark zerstörte Innenstadt Mannheims im Schachbrettmuster neu aufgebaut. Daher wird Mannheim auch „Quadratestadt" genannt. Im Zentrum gibt es keine Straßennamen, sondern nur eine Buchstaben-Ziffern-Kombination für den jeweiligen Straßenblock, z. B. „B 3".

- Nur wenige wissen, dass Friedrich der Große die Kartoffelpflanze als Nahrungsmittel in Deutschland eingeführt hat. Sein „Kartoffelbefehl" von 1756 sorgte dafür, dass die Kartoffel überall in Preußen angebaut wurde.

- Die Wewelsburg in Westfalen ist die einzige vollständig erhaltene Burg in ganz Europa mit einem dreieckigen Grundriss. Ihre Form erhielt sie aufgrund des schwierigen Baugeländes, auf dem sie errichtet wurde. Heute ist in der Burg eine Jugendherberge untergebracht.

- Deutschland ist das Land mit den meisten Kleingartenvereinen in Europa. In großen Städten und Ballungsräumen sind kleine Gartenparzellen mitten in der Stadt äußerst beliebt. Die Grundidee stammte von dem Arzt Moritz Schreber, der fand, dass Arbeiter in großen Städten auch Möglichkeiten zur Erholung im Freien brauchen.

- Die Wuppertaler Schwebebahn ist einmalig auf der Welt: Die Waggons hängen an einer Schiene, die entlang von Stahlpfeilern verläuft – sie „schweben".

Wuppertaler Schwebebahn

- Quer durch Schleswig-Holstein verläuft der rund 100 km lange Nord-Ostseekanal. Durch ihn „sparen" Schiffe auf dem Weg zwischen Nord- und Ostsee rund 900 km Strecke ein.

Neugierig geworden?

Es gibt viele Orte in Deutschland, die eine Reise wert sind. Du kannst auch ein Museum oder ein berühmtes Bauwerk besuchen. Oder hast du Lust auf einen der tollen Filme, die sich mit Geschichte beschäftigen?

Kennst du schon …

Kölner Dom

Kölner Dom
Der Kölner Dom ist die dritthöchste Kirche der Welt und gilt als eines der schönsten Beispiele für den Baustil der Gotik.

Wartburg
Wunderschön gelegene Burg, auf der Martin Luther die Bibel ins Deutsche übersetzte.

Dresdener Frauenkirche
Die prächtige Kirche existierte über 50 Jahre als ausgebombte Ruine und Mahnmal gegen den Krieg. Heute erstrahlt sie wieder in altem Glanz.

Dresdener Frauenkirche

Schloss Sanssouci
Als Sommerschloss mit weitläufiger Gartenanlage wurde es für Friedrich den Großen angelegt und hat bis heute nichts von seinem leichten, sorglosen Charakter verloren.

Weimar
Geschichtsträchtige Stadt, in der die großen Dichter Goethe und Schiller wirkten und 1919 die Weimarer Republik gegründet wurde.

Spreewald
Viele Häuser der Spreewaldregion liegen auf Flussinseln und sind nur über das Wasser erreichbar, deswegen kommt dort mancherorts der Briefträger mit dem Postkahn.

Bewohnte Flussinseln im Spreewald

Dom zu Speyer
Der Dom zählt zum UNESCO-Weltkulturerbe und ist die größte romanische Kirche der Welt.

Nationalpark Berchtesgaden
Der einzige deutsche Nationalpark der Alpen beherbergt zahlreiche seltene Tierarten. Am Königssee liegt der Watzmann, einer der imposantesten Berge der Alpen.

Filmtipps

- **Deutschland von oben** (2010–2016): Dokumentationsreihe, die in beeindruckenden Luftaufnahmen die Vielfalt und Schönheit Deutschlands zeigt.
- **Almanya – Willkommen in Deutschland** (2011, FSK 6): Erzählt die Geschichte türkischer Gastarbeiter.
- **Das Leben der Anderen** (2006, FSK 12): Film über die Bespitzelung eines Ehepaars durch einen Hauptmann der DDR-Staatssicherheit.
- **Sophie Scholl – Die letzten Tage** (2005, FSK 12): Die Geschichte der Widerstandsbewegung „Weiße Rose".
- **Good Bye, Lenin!** (2003, FSK 6): Eine Frau erwacht kurz nach der Wiedervereinigung aus dem Koma. Um sie zu schonen, tut ihre Familie so, als gäbe es die DDR noch.
- **Luther** (2003, FSK 12): Film über den Werdegang des Mönchs und Reformators Martin Luther.
- **Das Wunder von Bern** (2003, FSK 6): Film über den überraschenden Erfolg der deutschen Fußballnationalmannschaft bei der Weltmeisterschaft 1954.
- **Das Boot** (1981, FSK 12): Antikriegsfilm über eine deutsche U-Boot-Besatzung im Zweiten Weltkrieg.

Besuche doch mal …

HAUS DER GESCHICHTE (BONN)
Über 6000 Exponate führen Abschnitte der deutschen Geschichte vor Augen. Eine Erlebnisrallye mit Quizfragen führt durch die Ausstellung.

BERLINALE
Bei Deutschlands bedeutendstem Filmfestival werden viele Spielfilme zum ersten Mal gezeigt. Die besten Filme werden mit einem „Bären" ausgezeichnet, dem Wappentier Berlins. Es gibt auch ein Kinderprogramm.

HOLOCAUST-MAHNMAL (BERLIN)
Das 2005 fertiggestellte „Denkmal für die ermordeten Juden Europas" soll an die über 6 Mio. Menschen jüdischen Glaubens erinnern, die zur Zeit des Nationalsozialismus ermordet wurden. Das Denkmal besteht aus über 2700 Betonquadern, die die Farbe von Asche aufweisen.

WEIHNACHTSMÄRKTE
In fast allen deutschen Städten gibt es in der Adventszeit Weihnachtsmärkte. Die größten befinden sich in Dresden, Leipzig, Stuttgart, Augsburg, Rostock und Braunschweig. Der bekannteste findet in Nürnberg statt. Er heißt „Christkindlesmarkt" und wird alljährlich von der Empore der Frauenkirche aus vom „Christkind" eröffnet.

AUGSBURGER PUPPENKISTE
Das Marionettentheater wurde durch Fernsehaufzeichnungen seiner Stücke berühmt, darunter z. B. *Jim Knopf*

EAST SIDE GALLERY (BERLIN)
Im Berliner Stadtteil Friedrichshain steht ein Stück der Mauer, die einmal Deutschland teilte. Es ist etwa 1,3 km lang und wurde von verschiedenen Künstlern bemalt.

Glossar

Absolutistisch In der Herrschaftsform des Absolutismus hat der König uneingeschränkte „absolute" Macht. Die Gesetze gelten für ihn nicht. Friedrich der Große war ein absolutistischer Herrscher.

Astronomie Wissenschaftliche Lehre von Lage, Bewegung und Beschaffenheit von Sternen und anderen Himmelskörpern.

Aufklärung Zeitalter im 17. und 18. Jh., das geprägt war von neuen Wert- und Moralvorstellungen sowie einer Hinwendung zur Wissenschaft. Die Kirche verlor an Bedeutung und vielerorts wurden Universitäten eingerichtet. Bücher und andere Schriften wurden nicht mehr kirchlich zensiert, was vorher üblich gewesen war. Philosophen der Aufklärung wie z. B. Immanuel Kant ermunterten die Menschen, ein unabhängiges, selbstbestimmtes Leben anzustreben.

Immanuel Kant

Bürgerinitiative Zusammenschluss von Bürgern, um ein bestimmtes politisches Ziel zu erreichen.

Demokratie Regierungsform, bei der die Bürger eines Staats ihre Politiker frei und selbst wählen. Der Begriff stammt aus dem Griechischen und bedeutet so viel wie „Herrschaft des Volkes".

Diktatur Regierungsform, bei der eine einzelne Person (Diktator) unbeschränkte Macht besitzt und die Politik eines Staats allein bestimmen kann.

„Drittes Reich" Propaganda-Bezeichnung der Nationalsozialisten für die Zeit ihrer Regierung. Adolf Hitler sah sich selbst als Nachfolger der deutsch-römischen Kaiser und wollte ein „Tausendjähriges Reich" begründen, das nach dem Heiligen Römischen Reich und dem Deutschen Kaiserreich von 1871–1933 in der Zählung das „dritte Reich" gewesen wäre.

Flagge der Europäischen Union (EU)

Entnazifizierung Das Bestreben der Siegermächte, nach Ende des Zweiten Weltkriegs alles nationalsozialistische Gedankengut aus dem öffentlichen Leben der Deutschen zu entfernen. Beinhaltete das Verbot nationalsozialistischer Symbole, das bis heute gilt.

Europäische Union (EU) Zusammenschluss von europäischen Staaten mit gemeinsamen politischen Zielen. 2017 gehörten 28 Staaten zur EU, von denen 19 eine Wirtschafts- und Währungsunion mit der Gemeinschaftswährung Euro bildeten. 2016 hat sich Großbritannien in einer Volksabstimmung entschieden, über den Austritt aus der EU zu verhandeln.

Germanen Bezeichnung für verschiedene Volksstämme, wie z. B. Goten, Cherusker, Kimbern, Angeln, Sachsen usw., die sich ab etwa 4000 v. Chr. auf dem Gebiet des heutigen Deutschland anzusiedeln begannen.

Globalisierung Der Begriff kommt von „global" und bedeutet „weltumspannend". Er besagt, dass durch Technologien wie das Internet Handel und Informationsaustausch in immer höherem Maße weltweit stattfinden und nicht mehr nur regional.

Hanse Zusammenschluss von nord- und nordosteuropäischen Handelsstädten im Mittelalter.

Heiliges Römisches Reich Deutscher Nation Ab der Reichsreform im 15. Jh. allgemein gebräuchliche Bezeichnung für den Zusammenschluss der Kleinstaaten auf deutschem Territorium bis 1806.

Holocaust Bezeichnung für die gezielte Ermordung von Millionen Juden und anderen Menschen während der Zeit des Nationalsozialismus. Das Wort stammt aus dem Griechischen und bedeutet „völlig verbrannt".

Inflation Anstieg der Kaufpreise aller Waren. Hält eine Inflation lange an oder verläuft sie sprunghaft binnen kurzer Zeit, führt sie dazu, dass das Geld seinen Wert verliert.

Kalter Krieg Nach Ende des Zweiten Weltkriegs konkurrierten die demokratisch regierten USA und die kommunistisch regierte Sowjetunion um politischen Einfluss in der Welt und rüsteten sich mit großen Waffenarsenalen. Auch die jeweils verbündeten Staaten wurden in diesen Konflikt miteinbezogen. Weil immer wieder mit Krieg gedroht wurde, es aber nie zu einem „richtigen" Krieg kam, wurde zwischen etwa 1949 und 1990 vom „Kalten Krieg" gesprochen.

Ketzer Abwertende, mittelalterliche Bezeichnung für eine Person, die in drastischer Weise gegen kirchliche Weisungen und Lehren verstieß, diese kritisierte oder einer anderen Glaubensrichtung als dem Christentum angehörte.

Lutherbibel Martin Luther übersetzte als Erster das Neue Testament der Bibel ins Deutsche. Die erste gedruckte Ausgabe dieser Übersetzung wird als „Lutherbibel" bezeichnet.

Marshall-Plan Plan zur finanziellen Unterstützung Westdeutschlands nach Ende des Zweiten Weltkriegs, erarbeitet vom US-Außenminister Graham C. Marshall (1880–1959).

Migrant Migranten sind Menschen, die ihren Wohnsitz von ihrem Heimatland in ein anderes Land verlegen. Ihre Einwanderung und Neuansiedlung nennt man zusammengefasst Migration, lateinisch für „Wanderung". Als Menschen mit Migrationshintergrund werden meist diejenigen bezeichnet, die aus Migrantenfamilien stammen.

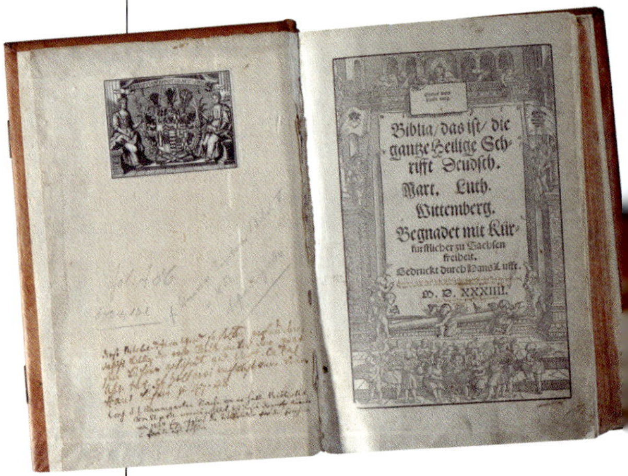

Titelblatt einer Lutherbibel aus dem Jahr 1534

Mittelstand Unternehmen (auch Handwerksbetriebe) mittlerer Größe mit bis zu 500 Mitarbeitern, häufig Familienunternehmen. Ein Großteil der deutschen Unternehmen gehört zum Mittelstand.

(National-)Staat Ursprünglich stand die Bezeichnung für eine Gruppe vieler Menschen, die freiwillig zusammen in einem klar abgegrenzten Gebiet leben, in dem für alle dieselben politischen und sozialen Regeln gelten. Heute werden auch die einzelnen Länder der Erde als Staaten bezeichnet.

Opposition Das Wort kommt aus dem Lateinischen und bedeutet „im Widerspruch zur Mehrheit". In der Politik steht es für alle Parteien, die nicht an der Regierung beteiligt sind.

Ostblock Bezeichnete die Staaten, die nach Ende des Zweiten Weltkriegs unter dem Einfluss der Sowjetunion standen. Da sie bis auf die DDR alle in Osteuropa lagen, sprach man vom „Ostblock".

Papst Oberhaupt der katholischen Kirche mit Sitz im Vatikanstaat in Rom. Für die Katholiken gilt der Papst als Gottes Stellvertreter auf Erden.

Parlament Aus Wahlen hervorgegangene Zusammensetzung der wichtigsten politischen Organe eines Landes, also Regierung und Opposition. Wird bei demokratischen Staaten auch „Volksvertretung" genannt.

Planwirtschaft Ab Gründungsdatum der DDR dort eingeführtes Wirtschaftssystem. Eine zentrale Planungsbehörde erarbeitete in der DDR auf Grundlage von Befragungen über Bedürfnisse der Bevölkerung einen Produktionsplan für sämtliche Verbrauchsgüter im Land. Das hat aber nie geklappt: Von vielen Waren gab es oft zu wenig, von wenigen anderen Waren gab es plötzlich viel zu viel.

Preußen Mächtigster und größter Teilstaat des Deutschen Reichs, ursprünglich mit Lage in Ostdeutschland und Teilen Osteuropas.

Propaganda Versuch, die zumeist politischen Sichtweisen einer Gruppe von Menschen gezielt zu formen und zu steuern. Bestehende Sichtweisen sollen so manipuliert werden, dass immer die gewünschte politische Meinung erreicht wird.

Reformation Kirchliche Erneuerungsbewegung im 16. und 17. Jh., ausgelöst durch die Lehre Martin Luthers. Er kritisierte die katholische Kirche und stellte die Lehre für die protestantische bzw. evangelische Kirche auf.

Republik Staatsform, bei der vom Volk gewählte Politiker die Regierung bilden und Gesetze machen. Das Wort stammt vom lateinischen „res publica" ab und bedeutet so viel wie „Sache der Öffentlichkeit".

Revolution Meist gewaltsamer Sturz einer Regierung oder eines politischen Systems.

Schwarzmarkt Markt, der vom Staat nicht gebilligt wird und auf dem der Handel somit illegal ist.

Sektorengrenze Offizielle Bezeichnung für die Grenzen zwischen den nach dem Zweiten Weltkrieg von verschiedenen Siegermächten besetzten Stadtteilen Berlins.

Solidaritätszuschlag Steuerabgabe, die 1991 nach der Wiedervereinigung eingeführt wurde und bis heute v. a. den Aufbau der neuen Bundesländer vorantreiben soll.

Sowjetunion Kommunistisch regierter Staat, der auf dem Gebiet Russlands und mehrerer anderer osteuropäischer und asiatischer Staaten (= Sowjetrepubliken) von 1922 bis 1991 bestand.

Soziale Marktwirtschaft Vom Wirtschaftsminister Ludwig Erhard 1948 eingeführte Wirtschaftsordnung Deutschlands. Es herrscht freier Wettbewerb, doch im Gegensatz zur freien Marktwirtschaft greift der Staat durch Gesetze und Schutzmaßnahmen wie Kündigungsschutz oder Mutterschutz regulierend ein, um soziale Ungerechtigkeiten zu verhindern.

Sozialismus Politische Richtung, die die Grundideale „Gleichheit" und „Brüderlichkeit" besonders betont. Nach sozialistischer Vorstellung soll es weder besonders reiche noch besonders arme Menschen geben, sondern alle sollen idealerweise gleich viel haben. Betriebe sollen daher nicht in der Hand von Einzelpersonen oder großen Firmen sein, sondern von den Arbeitern selbst bewirtschaftet werden. Obwohl die Idee gut klingt, hat eine sozialistische Regierungsform in der Praxis noch nie gut funktioniert.

UNESCO-Welterbe Besonders herausragende Kultur- oder Naturdenkmäler, die von der UNESCO, der Kulturorganisation der Vereinten Nationen, als für die gesamte Menschheit besonders bedeutend eingestuft wurden.

Verfassung In seiner Verfassung legt ein Staat seine Regierungsform fest, z. B. ob eine demokratisch gewählte Regierung oder ein König das Land regieren soll. Zudem wird festgelegt, wie viel Macht Polizei, Streitkräfte oder andere Staatsorgane haben sollen und welche Grundrechte den Bürgern des Landes zustehen.

Versailler Vertrag Waffenstillstandsabkommen, das das Ende des Ersten Weltkriegs besiegelte.

Volksabstimmung Direkte Befragung aller Bürger eines Landes über ein politisches Thema, meist mittels Fragebogen.

Volkskammer Parlament der DDR.

Weimarer Republik Erste demokratisch regierte Republik auf deutschem Boden. Existierte von 1918 bis 1933 und war geprägt von einer Zeit politischer Instabilität. Der Weimarer Republik folgte die Zeit des Nationalsozialismus in Deutschland.

Wirtschaftskrise Bezeichnung für einen unerwarteten Einbruch der Wirtschaftsleistung eines Staats und damit einhergehende Negativeffekte wie z. B. eine Erhöhung der Arbeitslosenquote oder zunehmende Firmenpleiten.

Zensur Kontrolle von z. B. Büchern, Tageszeitungen, Filmen oder Fernsehsendungen mit dem Ziel, von der Regierung eines Staats unerwünschte Gedanken zu unterdrücken, sodass nur die Veröffentlichungen erscheinen, die in das politische Weltbild des Staats passen.

Das Holstentor in Lübeck zählt zum UNESCO-Weltkulturerbe.

Register

Dank und Bildnachweis

Der Verlag dankt Andrea Göppner für ihre Unterstützung bei Konzeption und Redaktion, Martin Copeland, Rob Nunn, Myriam Mégharbi, Emma Shepherd, Fergus Muir und Matthew Knight (DK London) für die Hilfe bei der Bildredaktion.

Der Verlag dankt folgenden Personen und Organisationen für die freundliche Genehmigung zum Abdruck von Fotos:

(Abkürzungen: o = oben, u = unten, m = Mitte, l = links, r = rechts, g = ganz, Hg = Hintergrund)

1 Fotolia: Doc RaBe. 2 akg-images: Picture Alliance/Helga Lade Fotoagentur Gmbh, Ger/David Hornback/Helga Lade (gor); Michael Teller (mlo); (mr). Fotolia: Eisenhans (gom/l, gom/m, gom/r); Jan-Dirk (gol); sumnersgraphicsinc (mlu); Viktor (ur); S. Hagebusch (ul). 3 Corbis: E. Streichan. 4 akg-images: Picture Alliance/Chromorange/P. Widmann (gul,ur). Fotolia: RRF (ol); Charles Taylor (gor) (mit frdl. Genehmigung der Volkswagen AG). 5 Photoshot: Peter Endig. 6 Fotolia: jarma (ul); Viktor (ml); Elzbieta Sekowska (m). 6–7 Fotolia: C. Schiller (u). 7 akg-images: Picture Alliance/DPA/DPAweb/Frank Leonhardt (gol); Picture Alliance/DPA/Roland Weihrauch (ur). Fotolia: Jan-Dirk (gor). 8 akg-images: Picture Alliance (m); Picture Alliance/YPS Collection/Peter Neumann (mlo). Fotolia: LianeM (ul). 9 Fotolia: beatuerk (mru); Rico K. (gor); OHRAUGE (mo); MAZDA (ul). 10 akg-images: L. M. Peter (mr). Fotolia: BildPix.de (gor); Norbert Dörnbach (ml). 10–11 Fotolia: Gabriele Rohde. 11 Fotolia: AV (gor); York (gol); SchneiderStockImages (mr). 12 akg-images: Picture Alliance/Chromorange/P. Widmann (u). 13 akg-images: Picture Alliance/Arco Images GmbH/Wittek, R. (gor). Fotolia: Arnd Drifte (mlo); Picturenick (gol); Olga Vasilkova (mu); RRF (mlu). 14 akg-images: SMB, Nationalgalerie (gor). Fotolia: motivjaegerin1 (mlo); Steffbiene (mr). 14–15 Fotolia: Markus Hofmann. 15 Fotolia: Xaver Klaußner (gor); Jens Klingebiel (gol); MLK (mr). 16 akg-images: Picture Alliance/Arco Images GmbH/Boensch, B. (mo). 16–17 akg-images. 17 akg-images: euroluftbild.de/Hans Blossey (ur). Photoshot: Peter Endig (gol). Fotolia: M. Schuckart (gor). 18 akg-images: Picture Alliance/Arco Images GmbH/Weimann, P. (l). 19 akg-images: (gol, gor). Fotolia: Tatjana Balzer (mr); Whyona (ul); Martin Schlecht (ur). 20 akg-images: National Museum (m); (gor, ul). 20–21 akg-images. 21 akg-images: (gor); Picture Alliance/EPD/www.relivision.com/Norbert Neetz (mlo). 22 akg-images: (mro, u). 23 akg-images: Coll. Archiv für Kunst & Geschichte. (mr); (gor, mlo). Fotolia: ArTo (gol); ASonne30 (ur). 24 akg-images: Jean-Pierre Verney (u). Getty Images: De Agostini Picture Library/DEA/A. Dagli Orti (gor). 25 akg-images: Coll. Archiv für Kunst & Geschichte. (ul); (gor, ml, mr, ur). 26 akg-images: IAM/World History Archive (gor); Imagno (ul); (mu). 26–27 akg-images. 27 akg-images: Album/M. Flynn/Prisma (mr); (mlo, gor). 28–29 akg-images: (go). 28 akg-images: (ml, u). 29 akg-images: Voller Ernst/Chaldej (ul); Wittenstein (gor); (mro, ml, mr, um). 30 akg-images: Coll. Archiv für Kunst & Geschichte. (ml); Picture Alliance/Günter Bratke (gor); (ul). Fotolia: Jürgen Priewe (ugr, ur). 31 akg-images: (gom, gor); (ul, ur). Fotolia: AndreasJ (m); Reinalde Roick (mlo). 32 akg-images: (u); Ullstein Bild (gor). 33 akg-images: Picture Alliance (gor); Picture Alliance/dpa – Bildarchiv/Bertram (mlo); (mlu); Picture Alliance/dpa – Bildarchiv/Roland Scheidemann (ur). 34 akg-images: (ml, mru); Dieter E. Hoppe (gor); Picture Alliance/dpa – Bildarchiv (ul). 35 akg-images: (gor, m); Anna Weise (gol); Picture Alliance/Helga Lade Fotoagentur Gmbh, Ger/David Hornback/Helga Lade (ul). 36 akg-images: (gor, ml, ul); Picture Alliance/ZB/dpa (mr). 37 akg-images: Kai-Olaf Hesse (ul, mru); Picture Alliance/dpa – Bildarchiv/Frank Kleefeldt (gor). 38 akg-images: Picture Alliance ZB – Fotoreport/Peer Grimm (go); Picture Alliance/dpa – Bildarchiv/Fischer (ul). 39 akg-images: (m, mr); Straube (gom); Picture Alliance/ZB – Fotoreport / Hubert Link (ul). Fotolia: Thomas Winkler (ur). 40–41 akg-images: Picture Alliance/dpa/Uli Deck (go); Picture Alliance/dpa/Tobias Kleinschmidt (u). Mit frdl. Genehmigung der Bundeszentrale für politische Bildung: ml. 41 akg-images: Picture Alliance/ZB/dpa/Robert Schlesinger (gor); RIA Nowosti (mr); (um). 42 akg-images: Picture Alliance/dpa/Stefan Sauer (gor). Fotolia: MaxWo (ml). Logo-Abdruck mit frdl. Genehmigung der SPD, CDU, FDP, Bündnis 90/Die Grünen und Die Linke. 43 akg-images: Picture Alliance/dpa/Herbert Knosowski (u). Fotolia: Sven Hoppe (gor). 44 akg-images: Picture Alliance/dpa-Zentralbild/Sebastian Kahnert (mr); Picture Alliance/Chromorange/P. Widmann (l). 45 akg-images: Picture Alliance/dpa-Zentralbild/Jens Wolf (ml); Picture Alliance/ZB/dpa - Report/Thomas Lehmann (u). 46 akg-images: Picture Alliance/dpa-Zentralbild/Waltraud Grubitzsch (mr); Picture Alliance/augenklick/firo Sportphoto (ul). 47 akg-images: Picture Alliance/R4200 (gol); Picture Alliance/dpa/Emily Wabitsch (gor); Picture Alliance/dpa/Jochen Lübke (ml); Picture Alliance/dpa – Report/Roland Weihrauch (ur). Getty Images: Sean Gallup (ul). 48 akg-images: Picture Alliance/dpa/Rainer Jensen (mro); Picture Alliance/Alfons Rath (u). Fotolia: Eisenhans (mr/ll, mr/m, mr/r). 49 akg-images: (gol); Picture Alliance/dpa/Goethe-Instituts Tel Aviv (mr); Picture Alliance/BREUEL-BILD/Juri Reetz (ul). Fotolia: Alexander Raths (gor). 50 akg-images: Picture Alliance/dpa – Report/BASF (ml). © Copyright BMW AG, München (Deutschland) (mr). Fotolia: Oli_ok (mu). 50–51 Fotolia: VRD. 51 akg-images: Picture Alliance/dpa-Zentralbild/Hans Wiedl (gol); Picture Alliance/dpa - Fotoreport/Daimler-Benz (gor). Fotolia: Marco2811 (mr). 52 akg-images: Bildarchiv Pisarek (ugl, ul); Gert Schütz (um); Doris Poklekowski (ugr). Fotolia: Ralph Maats (mr). Getty Images: Lutz Bongarts (ur). 53 Isabella Merk ol. akg-images: (gor, ml, mru); Picture Alliance/dpa-Zentralbild/Jens Kalaene (ur). Mit frdl. Genehmigung der Verlagsgruppe Oetinger, Hamburg: (mgl). 54 akg-images: Unterlinden Museum (gor). Corbis: The Gallery Collection (mu). Getty Images: Imagno/Hulton Archive (ml). 55 akg-images: (gol, gor); (mru, ul); Imagno/Christian Skrein (ur). Getty Images: Pierre Jahan/Roger Viollet (m). 56 akg-images: Beethoven-Haus Bonn (mr); Picture Alliance/dpa – Report/Patrick Seeger (gol); (mo); Picture Alliance/dpa – Report/Horst Ossinger (ul). 57 akg-images: City History Museum (ugl); Private Collection (mogr); Stadtmuseum (ul); (um, ur, ugr). 58 akg-images: Picture Alliance/rtn – radio tele nord/rtn, ulrike blitzner (gor); Picture Alliance/dpa-Zentralbild/Thomas Schulze (ml); Picture Alliance/dpa-Zentralbild/Günter Gueffroy (mr). Getty Images: Richard E. Aaron/Redferns (ul). 59 Wolfgang Huber (gol); Picture Alliance/dpa – Bildarchiv/Istvan Bajzat (gor); Picture Alliance/Eventpress Herrmann (mro); Picture Alliance/dpa – Bildarchiv/Fotoreport EMI Peter Boettcher (mr); Picture Alliance/dpa – Report/Hubert Boesl (ul); Picture Alliance/dpa – Report/Zentralbild/Andreas Lander (ur). 60 akg-images: Picture Alliance/imagestate/HIP/Ann Ronan Picture Library (gor); akg-images: Picture Alliance/dpa – Bildarchiv/Fotoreport Deutsche Grammophon (m); (mr, ul). Fotolia: ChantalS (ml); rook76 (mro). 61 akg-images: (go, ur). 62 akg-images: Picture Alliance/augenklick/firo Sportphoto (mr); Picture Alliance/dpa/Steffen Kugler (ul). Getty Images: AFP Photo/Daniel Janin (gor). 63 akg-images: Picture Alliance/Norbert Schmidt (gol); Picture Alliance/RACE-PRESS.com (gor); Picture Alliance/dpa – Report/Karl Schnörrer (ml); Picture Alliance/Augenklick/Rauchensteiner (m); Picture Alliance/dpa/Hannibal Hanschke (mr); Picture Alliance/Sven Simon/Volker Essler (ul); Picture Alliance/dpa-Zentralbild/Martin Schutt (ur). 64-71 Getty Images: Photodisc/Martin Child (Hg) 64 Fotolia: Ellie Nator (ur); Vieraugen (ul). 65 akg-images: Picture Alliance/dpa – Bildarchiv/Heckmann (m). Fotolia: Anne Katrin Figge (gor). 66 akg-images: (mo, m, mru); Michael Zapf (ml); Picture Alliance/dpa – Fotoreport/Heinz Unger (gor). Fotolia: fotodo (ul). 67 akg-images: (um, gol, mo); Doris Poklekowski (mro); Michael Teller (ml). 68 Fotolia: Marco Birn (gor); Grum_l (Grafik); seen (mru). Mit frdl. Genehmigung des Touristikbüros der Stadt Burghausen ul. 69 Corbis: Robert Wallis (ur). Fotolia: dieter76 (m); ultralife (mlo); lagom (mro); S. Hagebusch (ml). 70 akg-images: Bildarchiv Monheim (mr); Schiller-Nationalmuseum (ml). Fotolia: Jürgen Priewe (gom). 71 Fotolia: dd (u).

Poster: *Vorn* (Brandenburger Tor): iStockphoto.com: Leonardo Patrizi.

Cover: *Vorn:* iStockphoto.com: Leonardo Patrizi. *Hinten:* Alamy Stock Photo: Bernd Kammerer/dpa picture alliance ml; Fotolia: ultralife mr; iStockphoto.com: Leonardo Patrizi ul. *Rücken:* Fotolia: Doc RaBe.

Weitere Informationen unter www.dkimages.com